Książka kucharska Szafranowe doznania

100 przepisów celebrujących aromatyczną i egzotyczną przyprawę

Sandra Kucharska

SPIS TREŚCI

SPIS TREŚCI 3

WSTĘP 7

ŚNIADANIE 9

   1. Szakszuka szafranowo-pomidorowa.................... 10

   2. Naleśniki szafranowe... 12

   3. Płatki owsiane z szafranem 14

   4. Ziemniaczana Frittata Szafranowa 16

   5. Kornwalijski chleb szafranowy 18

   6. Mleko z kurkumy i szafranu 20

   7. Bułeczki szafranowe.. 22

   8. Jogurt szafranowy 24

   9. Herbata szafranowa 26

   10. Mrożona herbata pistacjowo-szafranowa........... 28

PRZYSTAWKI I PRZEKĄSKI 30

   11. Kulki ryżowe z szafranem i mikrogreenami 31

   12. Pikantna zimowa surówka.................................. 33

   13. Kebaby z kurczaka... 35

   14. Folorie 38

   15. Arancini z pieczoną dynią i gorgonzolą............. 40

   16. Smażone paluszki szafranowo-parmezanowe 43

   17. Ukąszenia Bouillabaisse 45

   18. Kora szafranu z białej czekolady........................ 47

   19. Krewetki w kremie szafranowym 49

DANIE GŁÓWNE..51

   20. Kurczak w oliwkach 52

   21. Pierś z kurczaka w musztardzie-ziołach............. 54

   22. Łosoś w Szafranowym Curry XE........................ 57

23. Krewetki linguine i krewetki 59

24. Krewetki a la Plancha na grzankach szafranowo-allioli 61

25. Żabnica z Bombaju 64

26. Szafranowy łosoś i ryż jaśminowy 66

27. Tuńczyk z szafranem i czosnkiem 68

28. Koziołek duszony z migdałami i szafranem 70

29. Polędwica wołowa na biczu dyniowo-szafranowym 72

30. Udziec jagnięcy pieczony w szafranie 74

31.Paella z kurczakiem, krewetkami i chorizo 76

32. Risotto z brązowego ryżu 79

33. Kurczak z oliwek 81

34. Szafranowe Podpłomyki Z Kurczaka Z Miętowym Jogurtem 83

35. Risotto z wąsem cytrynowo-groszkowym 86

36. Risotto z pieczarkami z brązowego ryżu 88

37. Paella Warzywna 90

38. Risotto z kalafiora z szafranem 92

39. Czarna fasola z szafranowym ryżem 94

40. Szafranowe tagliatelle z wiosennymi warzywami 97

41. Ryż szafranowy z berberysem, pistacjami i mieszanką ziół 100

42. Kuku Fava Fasola 102

43. Ryż szafranowy z berberysem, pistacjami i mieszanką ziół 105

44. Pieczony Kurczak Z Topinamburem I Cytryną 107

45. Tubetti w stylu risotto z szafranem 109

46. Cascadia Fideua 111

47. Ryż szafranowy z masłem 114

48. Medaliony z łososia z sosem szafranowym 116

49. Przegrzebki z szafranem 119

50. Duszony kurczak z pomidorami i szafranem 121

51. Gotowany halibut w bulionie szafranowym 123

52. Risotto z kaczych wątróbek.. 125

SAŁATKI I DODATKI 128

53. Sałatka z makaronem szafranowym...................................... 129

54. Szafranowy koper włoski sous vide 131

55. Puree ziemniaczane z szafranem 133

56. Sałatka z kuskusem, szafranem i porzeczkami....................... 135

57. Szafranowa komosa ryżowa i sałatka z pieczonych buraków 137

58. Szafranowa sałatka z kurczakiem i ziołami............................ 140

59. Pachnąca sałatka z makaronem szafranowym......................... 143

60. Sałatka z ryżem szafranowym 145

ZUPY I GULASY 147

61. Zupa czosnkowo-szafranowa 148

62. Migdałowy sos pistacjowo-szafranowy curry 150

63. Zupa z małży i szafranu 152

64. Gulasz Rybny z Chili XE "Gulasz Rybny z Chili".................... 155

65. Zupa z pieczonego bakłażana i szafranu............................... 157

66. Zupa z owoców morza i kopru włoskiego 159

67. Zupa pistacjowo-szafranowa 162

68. Biskwit dyniowo-szafranowy 164

SOSY I DŻEMY 166

69. Kremowy sos szafranowy... 167

70. Świeży sos pomidorowy z szafranem 169

71. Migdałowy sos pistacjowo-szafranowy curry 171

72. Dżem szafranowy z pieczonych jabłek 173

73. Sos szafranowo-estragonowy.. 175

DESER 177

74. Ciasto czekoladowe z kremem szafranowo-truflowym 178

75. Złoty tort szafranowy 181

76. Miodowa tarta jabłkowo-szafranowa.................................... 183

77. Brzoskwinie w szafranie 185

78. Lody szafranowe 187

79. Szafranowo-pistacjowa Panna Cotta 189

80. Panna Cotta z wodą kokosową i szafranem 191

81. Mango Lassi Panna Cotta 193

82. Szafranowo-pistacjowa Panna Cotta 195

83. Szafranowe lody w rolkach 197

84. Ciasto czekoladowe z kremem szafranowo-truflowym 199

85. Szafranowy pudding ryżowy 202

86. Budyń jajeczny 204

87. Szafranowe ciastka z risotto 206

88. Perski pudding szafranowy 208

89. Mini ciasta pomarańczowo-szafranowe 211

90. Szafranowe kulfi popy 214

NAPOJE **217**

91. Mocktail z szafranem i cynamonem 218

92. Koktajl szafranowo-brzoskwiniowy 220

93. Krzew imbirowo-pomarańczowy 222

94. Uzdrowienie Lassi 224

95. Lemoniada z szafranem i różą 226

96. Szafran staromodny 228

97. Odświeżający sumak i szafran 230

98. Safran Şerbeti (Szafranowy Syrop) 232

99. Koktajl z miodem, cytryną i szafranem 234

100. Napój szafranowy z nasion chia i wody różanej 236

WNIOSEK **238**

WSTĘP

Co to jest szafran?

Szafran to przyprawa pochodząca z kwiatu krokusa siewnego, powszechnie zwanego „krokusem szafranowym". Żywe szkarłatne piętno i style, zwane nitkami, są zbierane i suszone do użytku głównie jako przyprawa i środek barwiący w żywności. Szafran zawiera substancje chemiczne, które mogą zmieniać nastrój, zabijać komórki rakowe, zmniejszać obrzęki i działać jak przeciwutleniacze.

Jakie są zalety szafranu?

● **Wzmocnienie antyoksydacyjne-**Szafran, podobnie jak wiele innych ziół i roślin, jest bogaty w przeciwutleniacze. Substancje te pomagają zwalczać uszkodzenia komórek i mogą zapobiegać rakowi lub innym chorobom. Badania wykazały również, że przeciwutleniacze zawarte w szafranie mogą być zdrowe dla mózgu i układu nerwowego.

● **Łagodzi PMS**- Zespół napięcia przedmiesiączkowego (PMS) może powodować różne objawy, od bólu miednicy po wypryski trądzikowe. Dla wielu osób PMS wpływa na ich zdrowie psychiczne, powodując niepokój, depresję i wahania nastroju. Niektóre małe badania naukowe wykazały, że szafran może poprawić depresję związaną z PMS.

● **Pomoc w odchudzaniu-**Utrata wagi może być trudna, zwłaszcza gdy wydaje się, że apetyt działa na Twoją niekorzyść. Jedno badanie przeprowadzone na grupie kobiet wykazało, że przyjmowanie szafranu pomogło im odczuwać mniejszy głód i rzadziej podjadać.

● **Leczenie napadów**- Szafran jest stosowany jako środek przeciwdrgawkowy (przeciwdrgawkowy) w irańskiej medycynie ludowej. Niektóre badania na modelach biologicznych pokazują, że może skrócić niektóre rodzaje napadów.

● **środek na zaburzenia erekcji**- Zaburzenia erekcji (ED), zdolność do utrzymania erekcji, dotykają miliony. Według niektórych badań szafran może być lekiem na zaburzenia erekcji.

- **Leczenie choroby Alzheimera**- Szafran może być równie skuteczny jak lek na receptę w leczeniu łagodnej do umiarkowanej choroby Alzheimera. Nie ma lekarstwa na chorobę Alzheimera, ale badania sugerują, że szafran może pomóc spowolnić jej postęp i złagodzić objawy.
- **Leczenie depresji**-Depresja jest zaburzeniem zdrowia psychicznego dotykającym miliony ludzi na całym świecie. Leczenie może obejmować różne rodzaje terapii lub leków. Niektóre badania pokazują, że spożywanie szafranu może pomóc w objawach depresji.

Jak używać szafranu

Namocz kilka nici w gorącej wodzie, aby zrobić herbatę szafranową lub wymieszaj płyn z pikantnymi potrawami dla smaku. Możesz także kupić kapsułki szafranu do połknięcia, jeśli nie podoba ci się smak.

ŚNIADANIE

1. Szakszuka szafranowo-pomidorowa

Porcje: 6 porcji

SKŁADNIKI:

- 1 łyżka oliwy z oliwek
- ½ żółtej cebuli pokrojonej w cienkie plasterki
- 4 ząbki czosnku grubo posiekane
- 1-litrowe pomidorki koktajlowe przekrojone na pół
- 1 ½ łyżki koncentratu pomidorowego
- ¼ łyżeczki mielonego kminku
- ¼ łyżeczki mielonej kolendry
- Szczypta nitek szafranu łącznie 10-15 nitek
- 2-4 łyżki wody
- 6 jajek
- 4 posiekane zielone cebule
- ¼ szklanki posiekanej kolendry
- ¼ szklanki pokruszonego sera feta
- Sól koszerna i świeżo mielony czarny pieprz

INSTRUKCJE:

☑ Rozgrzej olej na dużej 10-calowej patelni na średnim ogniu, dodaj cebulę i smaż przez 5 minut.

☑ Dodaj czosnek, pomidory, koncentrat pomidorowy i przyprawy, dopraw solą i pieprzem. Przykryj i gotuj przez około 5 minut mieszając w połowie. Zdjąć pokrywkę i wymieszać z wodą.

☑ Pojedynczo zrób małe zagłębienie w sosie pomidorowym i wbij do niego jajko, powtórz z pozostałymi jajkami. Zmniejsz ogień do średniego i przykryj na 3-5 min.

☑ Sprawdź jajka, aby zobaczyć, czy są zrobione zgodnie z twoimi upodobaniami, a następnie udekoruj zieloną cebulą, kolendrą, fetą oraz dodatkową solą i pieprzem w razie potrzeby. Natychmiast podawaj.

2. Naleśniki szafranowe

Sprawia: 12 ośmiocalowych naleśników

SKŁADNIKI:
- 2 szczypty szafranu
- 2 jajka
- ¾ szklanki mleka
- ½ szklanki wody
- ½ łyżeczki soli
- 2 do 3 łyżek stopionego masła lub lekkiej oliwy z oliwek
- 1 szklanka niebielonej mąki
- 3 do 4 listków bazylii, drobno pokrojonych

INSTRUKCJE:

☑ W małej miseczce zalać nitki szafranu łyżką gorącej wody. Odłożyć na bok.

☑ Połącz jajka, mleko, ½ szklanki wody, sól, masło i mąkę w blenderze. Przetwarzać krótko i zeskrobać boki. Procesuj o 10 sekund dłużej. Wlać do dużej miski. Wmieszać szafran i bazylię.

☑ Odstaw pod przykryciem na 1 godzinę lub dłużej. Zrób naleśniki na patelni naleśnikowej zgodnie ze wskazówkami producenta.

☑ Aby zrobić ciasto ręcznie, przykryj nitki szafranu łyżką gorącej wody w małej misce. Odłożyć na bok.

☑ Lekko ubij jajka w dużej misce. Wymieszaj mleko, ½ szklanki wody, sól, masło lub lekką oliwę z oliwek. Wmieszać mąkę. Wymieszaj tylko tyle, aby SKŁADNIKI się połączyły: i przecedź.

☑ Wmieszać szafran i bazylię. Pozwól odpocząć przez 30 minut. Zrób naleśniki na patelni naleśnikowej.

☑ Ułóż naleśniki, aby były ciepłe lub przygotuj je z wyprzedzeniem, zawiń w folię i przechowuj w lodówce. Podgrzać zawinięte w folię w piekarniku.

3. Owsianka Z Szafranem

Porcje: 2 Porcje

SKŁADNIKI:
- 1 łyżka nitek szafranu, podzielona
- 2 łyżki gorącej wody
- 2 szklanki płatków owsianych bezglutenowych, jeśli to konieczne
- 1 szklanka + 1 łyżka niesłodzonego mleka migdałowego, podzielone
- 1 szklanka wody
- ½ łyżeczki gałki muszkatołowej
- ½ łyżeczki kardamonu w proszku
- Syrop klonowy (opcjonalnie)
- 2 łyżeczki posiekanych migdałów

INSTRUKCJE:
☑ Połącz nitki szafranu z gorącą wodą w misce lub filiżance i pozwól jej się zaparzyć. Zarezerwuj 1 łyżkę stołową.

☑ Połącz płatki owsiane, 1 szklankę mleka migdałowego, wodę, gałkę muszkatołową, kardamon w proszku i wodę szafranową w misce. Jeśli chcesz, dodaj syrop klonowy. Mikrofale przez 2-3 minuty.

☑ Wymieszaj łyżką i dodaj pozostałe nitki szafranu, zarezerwowaną wodę szafranową, pozostałe mleko migdałowe i pokrojone migdały.

4. Ziemniaczana Szafranowa Frittata

Robi: 4

SKŁADNIKI:
- ½ średniej czerwonej cebuli, drobno posiekanej
- 1 średni ziemniak Russet, pokrojony w drobną kostkę
- 8 dużych ekologicznych jaj
- ⅓ szklanki startego parmezanu
- ⅛ łyżeczki szafranu
- sól morska i czarny pieprz do smaku
- 4 łyżki oliwy z oliwek extra vergine

INSTRUKCJE:
☑ Rozgrzej olej na średniej patelni na średnim ogniu przez 1-2 minuty. Drobno posiekaj cebulę i ziemniaki, a następnie dodaj na patelnię i smaż na średnim poziomie przez około 8 minut lub do momentu, aż cebula będzie przezroczysta, a ziemniaki miękkie.

☑ Ubij jajka z parmezanem i szafranem w średniej wielkości misce, a następnie dodaj do patelni. Gotować około 5 minut, ciągle mieszając, aby się połączyło. Zdejmij jajka z patelni i odłóż na bok w średniej misce.

☑ Umieść patelnię z powrotem na palniku i dodaj kolejne 1-2 łyżki. oliwy z oliwek. Zwiększ temperaturę do średniej i podgrzewaj olej przez 1 minutę.

☑ Włóż jajka z powrotem na patelnię, formując kotlety szpatułką podczas gotowania, delikatnie potrząsając patelnią, aby jajka się nie przykleiły i dociskając, aby frittata była jednolita.

☑ Smaż przez około 2 minuty, a następnie przykryj patelnię dużym płaskim talerzem. Przytrzymaj rączkę patelni i drugą ręką naciśnij środek talerza, a następnie przewróć frittatę na talerz.

☑ Zsuń frittatę z powrotem na patelnię i smaż przez kolejne 2 minuty z drugiej strony.

☑ Odstaw na kilka minut do ostygnięcia, a następnie pokrój na dowolne kawałki.

5. Kornwalijski chleb szafranowy

Składniki: 2 bochenki

SKŁADNIKI:
⅛ łyżeczki szafranu
¼ szklanki wrzącej wody
⅓ szklanki letniej wody
2 łyżeczki cukru
1 łyżka drożdży
¾ szklanki mleka; poparzony
⅓ szklanki Skrócenie
½ szklanki) cukru
1 łyżeczka soli
½ łyżeczki mielonego kardamonu
2 jajka
½ szklanki porzeczek
¼ szklanki skórki cytryny
2 łyżeczki skórki z cytryny
5 filiżanek mąki.

Dodaj szafran do wrzącej wody i zagotuj. Dodaj drożdże do 2 łyżeczek. cukru i wody i utrzymuj ciepło, aby rosnąć. W misce wymieszaj zaparzone mleko, tłuszcz piekarski, cukier, sól i kardamon. Ostudzić i dodać szafran, drożdże i jajka. Ubij dobrze. Dodaj porzeczki, cytrynę, skórkę z cytryny i połowę mąki.

Ubij dobrze. Dodaj tyle pozostałej mąki, aby uzyskać miękkie ciasto.

Zagniataj, aż będzie gładkie i elastyczne. Odstawić do wyrośnięcia, a następnie podzielić na dwa bochenki lub 2 tuziny bułek i odstawić do wyrośnięcia. Piec w 375 F. przez 30 t0 40 minut.

6. Mleko z kurkumy i szafranu

marki; 1 porcja

SKŁADNIKI:
1 szklanka mleka
3 nitki szafranu
1/2 łyżeczki kurkumy w proszku

INSTRUKCJE:
Wszystkie składniki razem doprowadzić do wrzenia. Gotuj na małym ogniu przez 1-2 minuty
Gotowe do podania. Dodaj blanszowane migdały, aby uzyskać zdrowszy i odżywczy napój
Pij to raz dziennie, aby być zdrowszym.

7. Bułeczki szafranowe

Porcje: 16 porcji

SKŁADNIKI:
- ¼ szklanki wody - gorącej
- ¼ łyżeczki nitek szafranu - zmiażdżonych
- ½ szklanki 1% mleka
- ¼ szklanki) cukru
- 2 łyżki margaryny, imitacja --
- 1½ łyżeczki soli
- 1 duże jajko
- 1 łyżka drożdży -- +2 łyżeczki
- 3 szklanki mąki uniwersalnej, niebielonej
- 1 duże białko jaja - lekko ubite
- 1 łyżeczka wody
- Cukier perłowy

a) Połącz gorącą wodę z szafranem i odstaw na 10 minut, aby szafran zmiękł. W misce wymieszaj wodę szafranową, mleko, cukier, masło, sól, jajko, drożdże, 2 szklanki mąki.

b) Dodaj tyle pozostałej mąki, aby uzyskać miękkie ciasto. Zagnieść ciasto, a następnie odstawić do wyrośnięcia (ale niekoniecznie podwojenia objętości), na około 2 godziny.

c) Zagnieść ciasto i odstawić pod przykryciem na 10 minut. Ciasto podzielić na 16 części, z każdej uformować kulkę.

d) Umieść kulki dość blisko siebie (ale nie dotykając się) w 12-calowej głębokiej patelni do pizzy lub 9 x 13-calowej patelni, przykryj je i pozostaw do wyrośnięcia na 1,5 godziny lub do momentu, gdy będą spuchnięte.

e) Posmarować bułki mieszanką ubitych białek i wody, a następnie posypać obficie cukrem perłowym.

f) Piecz je w nagrzanym piekarniku do 375 stopni F przez 20 minut lub do momentu, aż będą złocistobrązowe.

g) Podawać z masłem lub kremem Devon.

8. Jogurt szafranowy

Porcje: 4 porcje

SKŁADNIKI:
- 1 szczypta nitek szafranu
- 3 łyżeczki wrzącej wody
- ½ litra jogurtu greckiego; (300ml)
- 4 strąki kardamonu
- 6 łyżeczek cukru pudru

a) Zanurz szafran w wodzie na 30 minut. Wymieszaj szafran i wodę z jogurtem greckim.

b) Zmiażdż strąki kardamonu, usuń nasiona i zmiel tłuczkiem w moździerzu tak drobno, jak to możliwe. Jogurt wymieszać z cukrem.

c) Dobrze schłodź i podawaj udekorowane skórką z cytryny. Ten jogurt dobrze komponuje się z sałatką ze świeżych owoców.

9. Herbata szafranowa

Porcja: 1 porcja

Składniki
- 6 – 9 nitek Gozie Szafran
- Czarna lub zielona herbata
- 2 szklanki wody
- 1 łyżeczka wody różanej
- kardamon (opcjonalnie)

Kierunki
a) Zagotuj wodę i wlej ją do czajnika.
b) Dodaj szafran, czarną lub zieloną herbatę, wodę różaną i kardamon do imbryka i pozwól mu parzyć przez dziesięć minut.

10. Mrożona herbata pistacjowo-szafranowa

Tworzy: 2

SKŁADNIKI:
- 2 saszetki czarnej herbaty Assam Tea
- 2 szklanki gorącej wody
- 1 łyżeczka konfitury różanej
- 2 łyżeczki pistacji blanszowanych i posiekanych
- 2 goździki
- Cynamon 1/2 cala
- 1 Kardamon
- Opcjonalnie 1 łyżeczka cukru
- 1 szczypta nitek szafranu
- 6 kostek lodu

INSTRUKCJE

a) Zamroź szklanki do serwowania przez 10 minut.

b) Całość przypraw i herbatę zawiń w muślinową ściereczkę.

c) Doprowadź wodę do wrzenia. Dodaj muślinową szmatkę do wrzącej wody.

d) Pozostaw torebki z herbatą i torebkę z przyprawami na 5 minut.

e) Przecedzić do miski. Dodaj konfiturę różaną i dodatkowy cukier.

f) Dodać połowę pistacji i dobrze wymieszać.

g) Wlać do zamrożonych szklanek.

h) W razie potrzeby dodaj jeszcze kilka kostek. Udekoruj pozostałymi pistacjami i szafranem.

i) Podawaj schłodzone od razu.

PRZYSTAWKI I PRZEKĄSKI

11. Kulki ryżowe z szafranem i mikrogreenami

Robi: 6

SKŁADNIKI:
- 1 szklanka ryżu do risotto
- 1 biała cebula, drobno posiekana
- 1 ząbek czosnku, drobno posiekany
- 2 łyżki oliwy z oliwek
- 1½ szklanki białego wina
- 1 litr bulionu warzywnego, podgrzany
- 1 szczypta szafranu
- sól i pieprz do smaku
- 1 szklanka Parmigiano, drobno startego
- 1 szklanka mozzarelli, drobno posiekanej
- 4 jajka
- 1 szklanka mąki
- 1 szklanka bułki tartej
- 1 litr oleju roślinnego
- Pikantna mieszanka microgreens

INSTRUKCJE:
a) W rondlu lub woku rozgrzej oliwę z oliwek, następnie dodaj cebulę, czosnek i ryż i gotuj, aż cebula będzie przezroczysta.
b) Zdeglasować białym winem, cały czas mieszając, aż płyn całkowicie się wchłonie, a następnie dodać chochlę bulionu warzywnego, posolić i pieprzyć, dodać szafran i parmigianę. Przechowywać w lodówce przez co najmniej jedną noc.
c) Zagnieść zimne risotto, 3 jajka i mozzarellę w misce rękoma.
d) Składniki na panierkę należy przygotować w trzech miskach: w jednej mąka, w drugiej 1 jajko, aw trzeciej bułka tarta.
e) Używając mieszanki risotto, utocz w dłoniach kulki wielkości piłki golfowej. Następnie panierować w mące, następnie w jajku, a na końcu w bułce tartej.
f) W gorącym rondlu rozgrzej olej roślinny, a następnie smaż kilka arancini naraz, aż będą brązowe i chrupiące.
g) Podawaj na łóżku z małych, liściastych warzyw, na ciepło lub na zimno.

12. Pikantna zimowa surówka

Sprawia, że: 4-6

SKŁADNIKI:
- 1 czerwona cebula; obrane pokrojone w plasterki
- 1 zielona papryka; zasiane i pokrojone
- 1 czerwona lub żółta papryka; zasiane i pokrojone
- 1 rzepa; obrane i cienko
- 2 szklanki różyczek kalafiora
- 2 szklanki różyczek brokuła
- 1 szklanka marchwi Baby; przycięte
- ½ szklanki Cienko pokrojone rzodkiewki
- 2 łyżki soli
- 1½ szklanki oliwy z oliwek
- 1 żółta cebula; obrane i drobno; posiekana
- ⅛ łyżeczki nitek szafranu
- Szczypta kurkumy, mielony kminek, czarny pieprz, papryka, cayenne, sól

INSTRUKCJE:
a) Umieść przygotowane warzywa w dużej misce, posyp je 2 łyżkami soli i zalej zimną wodą.
b) Następnego dnia odcedź i opłucz warzywa. Przygotuj marynatę, gotując cebulę, przyprawy i sól na oliwie z oliwek przez 10 minut.
c) Rozłóż warzywa w naczyniu o wymiarach 9 x 13 cali. Zalej je gorącą marynatą.
d) Przełożyć do ozdobnej miski i podawać na zimno lub w temperaturze pokojowej.

13. Kebaby z Kurczaka

Sprawia, że: 4-6

SKŁADNIKI:

- Sok z 2 cytryn
- 2 średnie cebule
- 2 łyżki masła
- Sól i pieprz do smaku
- 1 łyżka oleju roślinnego
- Szczypta szafranu (opcjonalnie)
- 20 udek z kurczaka, bez kości

INSTRUKCJE:

a) Kawałki kurczaka umyć i obrać ze skóry, a następnie osuszyć na kawałku ręcznika kuchennego. Delikatnie natnij błysk, aby marynata mogła wniknąć głębiej.

b) Obierz i zetrzyj cebulę. Wyciśnij jak najwięcej soku i odcedź.

c) Używając tłuczka i moździerza, zmiel szafran z ½ łyżeczki cukru pudru na proszek.

d) Szafran przełożyć do filiżanki i zalać ¼ szklanki wrzącej wody. Przykryj filiżankę spodkiem i odstaw na bok.

e) **MARYNATA**

f) Umieść kawałki kurczaka w płytkiej misce i zalej je startą cebulą. Dodaj jedną łyżkę soku z cytryny, olej roślinny oraz sól i pieprz do smaku.

g) Mieszamy tak, aby kawałki kurczaka dobrze pokryły się marynatą. Przykryj naczynie folią spożywczą i odstaw na co najmniej kilka godzin.

GOTOWANIE

h) Rozgrzej grill, aż będzie tak gorący, jak to możliwe.

i) Umieść pięć kawałków kurczaka z marynaty na płaskim metalowym szpikulcu. Powtarzaj, aż wszystkie kawałki zostaną zużyte.

j) Rozpuść masło i odłóż je na bok. Połóż szaszłyki na grillu i posmaruj je masłem i sokiem z cytryny. Jeśli używasz szafranu, posmaruj część szaszłyków szafranem, a część sokiem z cytryny.

k) Obróć, aby upewnić się, że obie strony są ładnie grillowane. Podawać na łóżku ze zwykłego ryżu lub kawałku świeżego chleba.

Sprawia, że: 4-6

SKŁADNIKI:
- ½ funta łuskanego groszku
- 1 ząbek drobno posiekanego czosnku
- ½ łyżeczki szafranu w proszku
- ⅛ łyżeczki sody oczyszczonej
- 1 łyżeczka proszku do pieczenia
- 1 łyżka mąki
- 1 łyżeczka soli
- Sok z ½ małej limonki
- Dwie szklanki oleju lub tyle, ile potrzeba do smażenia w głębokim tłuszczu

INSTRUKCJE:
a) Umyj łuskany groszek i pozostaw na noc do namoczenia.
b) Groszek odsączyć i zmielić na gładką masę. Dodaj wszystkie pozostałe składniki, dobrze wymieszaj i odstaw na godzinę, dodając trochę wody, jeśli mieszanina stanie się zbyt sucha. Następnie ponownie ubij, aż będzie lekkie i puszyste.
c) Rozgrzej olej we frytkownicy. Mieszankę wrzucaj łyżką do gorącego oleju. Smaż na złoty kolor lub do momentu wypłynięcia pholourie na wierzch.
d) Odcedź i natychmiast podawaj z sosem z tamaryndowca lub mango.
e) Marki: około dwóch tuzinów, w zależności od wielkości.

15. Arancini z pieczoną dynią i gorgonzolą

Robi: 12 Arancini

SKŁADNIKI:

- szczypta nitek szafranu
- 450 g dyni piżmowej, pokrojonej w 2 cm kostkę
- 3 łyżki oliwy z oliwek
- 50g masła
- 1 duża cebula, drobno posiekana
- 2 ząbki czosnku, zmiażdżone
- 350 g ryżu carnaroli do risotto

- 250 ml białego wina lub więcej bulionu (patrz poniżej), jeśli wolisz 750 ml bulionu drobiowego lub warzywnego 90 g świeżo startego parmezanu
- 60 g gorgonzoli, pokrojonej w 12 1 cm kostek
- 100g mąki pszennej
- 2 jajka, lekko ubite
- 120 g bułki tartej panko
- sól i świeżo zmielony czarny pieprz

INSTRUKCJE:

☑ Rozgrzej piekarnik do 200°C/180°C Termoobieg/gaz Znak 6. Namocz nitki szafranu w 1 łyżce wrzącej wody.

☑ Umieść dynię piżmową w brytfannie z 2 łyżkami oliwy z oliwek, lekko dopraw i gotuj przez 20–25 minut, aż będzie miękka.

☑ Umieść pozostały olej i połowę masła na patelni z grubym dnem i postaw na średnim ogniu. Gdy masło się roztopi, wrzuć cebulę, zmniejsz ogień do minimum i gotuj delikatnie przez około 20 minut, aż będzie miękka, ale nie zabarwiona.

☑ Zwiększ ogień do średniego, wymieszaj czosnek i smaż przez minutę przed dodaniem ryżu.

☑ Smażyć mieszając przez kilka minut, aż ziarna zaczną robić się przezroczyste, następnie wlać wino, jeśli jest używane, lub dodatkowy bulion.

☑ Często mieszaj na średnim ogniu, aż płyn zostanie prawie wchłonięty, a następnie wlej około jednej trzeciej bulionu wraz z wodą szafranową i gotuj i mieszaj przez około 5–8 minut, aż płyn zostanie prawie wchłonięty. Dodaj kolejną jedną trzecią bulionu i powtórz, a następnie dodaj pozostały bulion, regularnie mieszając, aż się wchłonie, a ryż będzie miękki.

☑ Wyłącz ogień i wymieszaj z resztą masła i parmezanem. Doprawić do smaku solą i pieprzem i odstawić do ostygnięcia – rozłożenie na tacy znacznie przyspieszy ten proces.

☑ Z grubsza rozgnieć pieczoną dynię na desce do krojenia, a następnie podziel ją na 12 równych części. Każdą porcję rozpłaszczyć na dysk, a następnie położyć kostkę gorgonzoli na środku, a następnie przykryć ją, wyciągając kabaczek po bokach.

☑ Umieść mąkę, jajko i bułkę tartą w osobnych miskach.

☑ Oczyść blat i przygotuj linię produkcyjną: risotto, następnie nadzienie do dyni, miska mąki, miska jajek, miska bułki tartej, a na końcu czysty talerz, na którym położysz gotowe arancini.

☑ Weź obfitą łyżkę risotto lub zważ ugotowane risotto i podziel je przez 12, aby uzyskać równe porcje: to dodatkowa praca, ale warto. Rzuć pierwszy kawałek risotto w kulkę w dłoniach, mocno dociskając. Następnie spłaszcz kulkę i nałóż kulkę nadzienia do squasha na środek, ściągając boki risotto, aby całkowicie otoczyło je kulą. Wrzuć kulkę do miski z mąką i delikatnie ją rozwałkuj, aż będzie cała pokryta.

☑ Następnie przenieś do miski z jajkiem, ponownie zwijając, aż się pokryje, zanim w końcu upuścisz i obtoczysz w misce z bułką tartą. Odłóż na czysty talerz i powtórz czynność dla pozostałych 11 arancini.

☑ Rozgrzać olej we frytkownicy do temperatury 170°C/340°F. Smaż arancini partiami po 3 lub 4 sztuki przez około 5 minut, aż będą chrupiące i złociste.

16. Smażone paluszki szafranowo-parmezanowe

Porcja: 1 porcja

SKŁADNIKI:
- ½ łyżeczki Ciasno upakowane nitki szafranu
- ½ funta dobrej jakości młodego parmezanu
- 4 szklanki oleju słonecznikowego; do smażenia w głębokim tłuszczu
- 1 żółtko
- 1½ szklanki lodowatej wody
- 1½ szklanki przesianej mąki plus, dodatkowo do panierowania

INSTRUKCJE:

☑ W małym rondlu zagotuj 1 szklankę wody. Dodaj szafran i gotuj przez 2 minuty. Ostudzić do temperatury pokojowej. Za pomocą ostrego noża pokrój Parmigiano-Reggiano na cienkie plasterki.

☑ W małej misce połącz ser z płynem szafranowym i marynuj przez 6 godzin.

☑ We frytownicy rozgrzej olej do 365 stopni.

☑ W misce ubij żółtko; dodać wodę, lekko mieszając do połączenia. Dodać 1½ szklanki mąki na raz i delikatnie wymieszać widelcem lub pałeczką, aż składniki się połączą.

☑ Kawałek po kawałku obtocz kawałki sera dodatkową mąką; Kawałki maczać dokładnie w cieście, a następnie szybko wrzucać na gorący olej.

☑ Smaż przez 2 do 3 minut, obracając od czasu do czasu, aż będą złociste i chrupiące. Za pomocą łyżki cedzakowej nabierz ser i odsącz na ręcznikach papierowych. Utrzymuj ciepło podczas smażenia reszty.

☑ Posyp solą i od razu podawaj.

17. Ukąszenia Bouillabaisse

Robi: 24

SKŁADNIKI:

- 24 średnie Krewetki, obrane i pozbawione żył
- 24 średnie Przegrzebki morskie
- 2 szklanki sosu pomidorowego
- 1 puszka mielonych małży (6-½ uncji)
- 1 łyżka Pernodu
- 20 mililitrów
- 1 liść laurowy
- 1 łyżeczka bazylii
- ½ łyżeczki soli
- ½ łyżeczki świeżo zmielonego pieprzu
- Czosnek, mielony
- Szafran

INSTRUKCJE:

☑ Szaszłyki z krewetek i przegrzebków na 8-calowych bambusowych szaszłykach, używając 1 krewetki i 1 przegrzebka na szpikulec; Owiń ogon krewetki wokół przegrzebka.

☑ Wymieszaj sos pomidorowy, małże, Pernod, czosnek, liść laurowy, bazylię, sól, pieprz i szafran razem w rondlu. Doprowadź mieszaninę do wrzenia.

☑ Ułóż rybę na szaszłyku w płytkim naczyniu do pieczenia.

☑ Skropić sosem szaszłyki. Piec bez przykrycia w temperaturze 350 stopni przez 25 minut.

SKŁADNIKI:

- 250 gramów białej czekolady mieszanej
- 1 łyżeczka suszonych płatków róży i grubo pokruszonych
- 1/2 łyżeczki nitek szafranu
- 2 łyżki mieszanki mieszanych orzechów zmielonych
- Zmiel kardamon, nasiona kopru włoskiego, gałkę muszkatołową na proszek
- 1/2 łyżeczki białego maku

INSTRUKCJE:

a) Stosując metodę podwójnego gotowania. Czekoladę posiekać i na małym ogniu stopić na podwójnym bojlerze. Możesz go również podgrzać w kuchence mikrofalowej.

b) W międzyczasie weź pergamin. Narysuj duży kwadrat za pomocą ołówka

c) Odwróć papier na drugą stronę, nadal możesz zobaczyć kontur

d) Gdy czekolada będzie gotowa, wylej ją na papier. Rozprowadź równomiernie, upewniając się, że nie jest zbyt cienki. Stuknij, aby wyrównać

e) Po zakończeniu szybko posyp mieszanką orzechów, mieszanką przypraw, suchymi płatkami róży, szafranem

f) Niech to się ustawi. Kiedy już prawie uczyń ślady kory w kwadratach.

g) Po całkowitym stężeniu połam je i ułóż na wybranej tacy lub przechowuj w hermetycznej puszce

19. Krewetki w kremie szafranowym

Porcje: 1 porcja

SKŁADNIKI:
1 kilogram Krewetki w skorupkach
Dobra szczypta nitek szafranu
450 ml Podwójny krem
150 ml jogurtu naturalnego; creme fraiche lub kwaśnej śmietany
Trybula; szczypiorek lub pietruszka
Sól i pieprz
1 łyżeczka startej skórki z pomarańczy lub mandarynki; (1 do 2)

INSTRUKCJE:
Obierz krewetki i odłóż je na bok. Włóż muszle do rondla z około 300 ml wody. Gotować 5-10 minut, odcedzić i gotować do zredukowania o połowę.

Zaparz szafran w 2 łyżkach bulionu ze skorupiaków. Ubij śmietankę na sztywną pianę, dodaj jogurt i płyn szafranowy i jeszcze raz ubij. Wymieszaj zioła i krewetki i dopraw do smaku solą, pieprzem i pomarańczą.

Podawać jako przystawkę w „filiżance" sałaty lub jako przystawkę w liściach cykorii.

DANIE GŁÓWNE

20. Kurczak w oliwkach Crockpot

Robi: 4

SKŁADNIKI:
- 2 łyżki skórki z cytryny
- 2 cebule, pokrojone w plasterki
- 3 ząbki czosnku, posiekane
- ¼ łyżeczki nitek szafranu, rozgniecionych
- 4 udka z kurczaka
- 2 szklanki bulionu z kurczaka
- ¼ szklanki liści kolendry, posiekanych
- 1 łyżka soku z cytryny
- ¼ szklanki liści pietruszki, posiekanych
- 1 szklanka oliwek, wypestkowanych i pokrojonych w plasterki
- Czarny pieprz
- 2 łyżki oliwy z oliwek
- ½ łyżeczki mielonego imbiru
- Sól

INSTRUKCJE:
a) Kurczaka natrzyj solą, pieprzem i sokiem z cytryny.
b) Smaż kurczaka na gorącym oleju przez około 4 minuty z każdej strony.
c) Dodaj resztę składników, z wyjątkiem ziół, i gotuj przez 1 godzinę na niskim poziomie.
d) Dodaj zioła i gotuj przez kolejne 10 minut bez przykrycia.

21. Pierś z kurczaka w musztardzie-ziołach

Robi: 4

SKŁADNIKI:
DLA KURCZAKA:
- 2 duże piersi z kurczaka bez skóry
- 2 ząbki czosnku
- rozmaryn
- 2 liście laurowe
- 25 gramów masła
- Sól morska i pieprz

NA SOS:
- 25 gramów masła
- 1 mała cebula
- 2 małe ząbki czosnku
- 1 łyżka mąki
- 50 ml Białe wino, wytrawne
- 250 ml bulionu z kurczaka
- 5 nitek szafranu
- 200 ml śmietany
- Zioła, mieszane, do wyboru
- 1 łyżeczka musztardy
- Skrobia
- Cukier
- Sok cytrynowy
- Sól i pieprz
- 1 dysk Gouda, średniowiecze

INSTRUKCJE:
a) Rozgrzej kąpiel Sous Vide do 65°C.
b) Piersi z kurczaka przekroić wzdłuż na pół, tak aby powstały dwa małe kotlety. Sól, pieprz i włóż do worka sous vide. Obierz i pokrój czosnek. Rozłóż razem z rozmarynem, liśćmi laurowymi i masłem na mięsie. Odkurzyć wszystko i 30 min. Gotować w łaźni wodnej.
c) Rozpuść masło i dusić drobno posiekaną cebulę i czosnek, aż będą przezroczyste. Oprósz mąką i zdeglazuruj białym winem i

bulionem. Dodaj szafran i wszystko na około 15 min. dusić na małym ogniu. Wyjmij mięso z kąpieli Sous Vide i worek i umieść je w naczyniu do pieczenia.

d) Do sosu dodać śmietanę, zioła i musztardę. Wywar z torebki przecedzić przez gęste sitko do sosu, w razie potrzeby związać skrobią i doprawić solą, pieprzem, cukrem i sokiem z cytryny. Jeśli chcesz, możesz dodać zioła tylko na samym końcu i wcześniej krótko zmiksować sos.

e) Mięso polać odrobiną sosu, nie powinno być całkowicie przykryte i przykryć połową plastra sera na około 7 - 8 min. gotować na pełnym ogniu.

f) Resztę sosu podawaj dodatkowo.

22. Łosoś w Szafranowym Curry XE

Robi: 4

SKŁADNIKI:
- 4 łyżki oleju roślinnego
- 1 cebula, drobno posiekana
- łyżeczka pasty imbirowo-czosnkowej
- ½ łyżeczki czerwonego chili w proszku
- ¼ łyżeczki kurkumy w proszku
- łyżeczki kolendry w proszku
- Sól kuchenna, do smaku
- 1 funt łososia, bez kości i
- pokrojony w kostkę
- ½ szklanki jogurtu naturalnego, ubitego
- 1 łyżeczka prażonego szafranu

INSTRUKCJE:
a) Rozgrzej olej roślinny na nieprzywierającej patelni.
b) Podsmaż cebulę przez 4 minuty lub do momentu, aż będą przezroczyste.
c) Gotuj przez 1 minutę po dodaniu pasty imbirowo-czosnkowej.
d) Wymieszaj czerwone chili w proszku, kurkumę, kolendrę i sól.
e) Smaż łososia przez 4 minuty.
f) Zmniejsz ogień do niskiego i wymieszaj z jogurtem.
g) Gotuj, aż łosoś będzie całkowicie ugotowany.
h) Dokładnie wymieszaj z szafranem.

23. Krewetki Linguine i Krewetki

Robi: 6

SKŁADNIKI:
- 1 opakowanie makaronu linguine
- ¼ szklanki masła
- 1 posiekana czerwona papryka
- 5 mielonych ząbków czosnku
- 45 surowych dużych krewetek obranych i pozbawionych żyłek

½ szklanki wytrawnego białego wina ¼ szklanki bulionu z kurczaka
- 2 łyżki soku z cytryny
- ¼ szklanki masła
- 1 łyżeczka pokruszonych płatków czerwonej papryki
- ½ łyżeczki szafranu
- ¼ szklanki posiekanej natki pietruszki
- Sól dla smaku

INSTRUKCJE:
a) Makaron ugotować zgodnie z instrukcją na opakowaniu, co powinno zająć około 10 minut.
b) Odcedź wodę i odstaw na bok.
c) Na dużej patelni rozpuść masło.
d) Smaż paprykę i czosnek na patelni przez 5 minut.
e) Dodaj krewetki i kontynuuj smażenie przez kolejne 5 minut.
f) Wyjmij krewetki na półmisek, ale pozostaw czosnek i pieprz na patelni.
g) Doprowadzić do wrzenia białe wino, bulion i sok z cytryny.
h) Umieść krewetki z powrotem na patelni z kolejnymi 14 filiżankami lepszego.
i) Dodać płatki czerwonej papryki, szafran i natkę pietruszki, doprawić do smaku solą.
j) Dusić przez 5 minut po wymieszaniu z makaronem.

Robi: 4

SKŁADNIKI:
ALIOLI
- 1 duża szczypta szafranu
- 1 duże żółtko
- 1 ząbek czosnku, drobno posiekany
- 1 łyżeczka soli koszernej
- 1 szklanka oliwy z oliwek extra virgin, najlepiej hiszpańskiej
- 2 łyżeczki soku z cytryny, plus więcej w razie potrzeby

KREWETKA
- Cztery kromki wiejskiego chleba o grubości pół cala
- 2 łyżki dobrej jakości oliwy z oliwek z pierwszego tłoczenia, najlepiej hiszpańskiej
- Jumbo 1½ funta
- 20 sztuk krewetek w skórce
- Sól koszerna
- 2 cytryny przekrojone na pół
- 3 ząbki czosnku, drobno posiekane
- 1 łyżeczka świeżo zmielonego czarnego pieprzu
- 1 szklanka wytrawnej sherry
- 2 łyżki grubo posiekanej natki pietruszki

INSTRUKCJE:
a) Zrób aioli: Na małej patelni ustawionej na średnim ogniu podpiecz szafran, aż będzie kruchy, od 15 do 30 sekund.
b) Przełożyć na mały talerz i rozgnieść wierzchem łyżki. Do średniej miski dodaj szafran, żółtka, czosnek i sól i energicznie mieszaj, aż dobrze się połączą.
c) Rozpocznij dodawanie oliwy z oliwek po kilka kropli na raz, dokładnie mieszając między kolejnymi porcjami, aż aioli zacznie gęstnieć, a następnie wlewaj pozostały olej do mieszanki bardzo powolnym i równomiernym strumieniem, mieszając aioli, aż będzie gęste i kremowe.

d) Dodaj sok z cytryny, posmakuj i w razie potrzeby dostosuj więcej soku z cytryny i soli. Przełożyć do małej miski, przykryć folią i wstawić do lodówki.

e) Zrób grzanki: Ustaw ruszt piekarnika w najwyższej pozycji, a brojler na wysokim poziomie. Umieść kromki chleba na blasze do pieczenia z obrzeżami i posmaruj obie strony chleba 1 łyżką oleju.

f) Piecz chleb na złoty kolor, około 45 sekund. Odwróć chleb i opiecz tost z drugiej strony (uważnie obserwuj brojlera, ponieważ intensywność brojlerów jest różna) przez 30 do 45 sekund dłużej. Wyjmij chleb z piekarnika i połóż każdą kromkę na talerzu.

g) W dużej misce umieść krewetki. Użyj noża do parowania, aby zrobić płytkie nacięcie w zakrzywionym grzbiecie krewetki, usuwając żyłę (jeśli jest) i pozostawiając nienaruszoną skorupę. Podgrzej dużą patelnię z grubym dnem na średnim ogniu, aż prawie zacznie dymić, od 1½ do 2 minut.

h) Dodaj pozostałą 1 łyżkę oleju i krewetki. Posyp krewetki dużą szczyptą soli i sokiem z połowy cytryny i gotuj, aż krewetki zaczną się zwijać, a brzegi skorupy zbrązowieją przez 2 do 3 minut.

i) Użyj szczypiec, aby obrócić krewetki, posyp solą i sokiem z drugiej połówki cytryny i gotuj, aż krewetki będą jasnoróżowe, około 1 minuty dłużej. Zrób zagłębienie na środku patelni i wmieszaj czosnek i czarny pieprz; gdy czosnek zacznie pachnieć, po około 30 sekundach dodać sherry, doprowadzić do wrzenia i wymieszać mieszankę czosnkowo-sherry z krewetkami.

j) Gotuj, mieszając i zeskrobując brązowe kawałki z dna patelni do sosu. Wyłącz ogień i wyciśnij sok z drugiej połówki cytryny. Pozostałą połówkę cytryny pokrój w ósemki.

k) Posmaruj wierzch każdej kromki chleba dużą łyżką szafranowego aioli. Podziel krewetki na talerze i polej każdą porcję sosem. Posypać natką pietruszki i podawać z kawałkami cytryny.

25. Żabnica z Bombaju

Tworzy: 1

SKŁADNIKI:
- 1 funt żabnicy, oskórowanej
- Mleko do przykrycia
- ¼ funta krewetek w skorupkach
- 2 jajka
- 3 łyżki koncentratu pomidorowego ½ łyżeczki curry w proszku
- 2 łyżeczki soku z cytryny
- ¼ łyżeczki świeżego rozmarynu, posiekanego
- 1 szczypta szafranu lub kurkumy ¾ szklanki jasnej śmietanki
- Sól i pieprz do smaku

INSTRUKCJE:
a) Rozgrzej piekarnik do 350F. Umieść żabnicę na patelni wystarczająco dużej, aby ją pomieścić. Wlej mleko i postaw patelnię na umiarkowanym ogniu.
b) Doprowadzić do wrzenia, przykryć i gotować przez 8 minut. Obróć rybę i gotuj jeszcze 7 minut lub do momentu, aż ryba będzie gotowa.
c) Gdy żabnica będzie prawie gotowa, dodaj krewetki i gotuj przez 2-3 minuty lub do momentu, aż zmienią kolor na różowy.
d) Odcedź ryby i krewetki, odlewając mleko.
e) Pokrój żabnicę na kawałki wielkości kęsa. Ubij jajka z koncentratem pomidorowym, curry w proszku, sokiem z cytryny, rozmarynem, szafranem i ½ szklanki śmietany.
f) Wymieszać z rybą i krewetkami i doprawić do smaku solą i pieprzem.
g) Zamień na 4 osobne miski z kokilek i polej równą ilością pozostałej śmietany na wierzch każdego naczynia.
h) Piec przez 20 minut lub do zestalenia. Podawać na gorąco z sokiem z cytryny i chrupiącym francuskim chlebem.

26. Szafranowy łosoś i ryż jaśminowy

Tworzy: 2

SKŁADNIKI:
- 2 filety z dzikiego łososia, bez kości
- Sól i czarny pieprz do smaku
- ½ szklanki ryżu jaśminowego
- 1 szklanka bulionu z kurczaka
- 1 łyżka masła, stopionego
- ¼ łyżeczki szafranu

INSTRUKCJE:
a) Dodaj wszystkie składniki oprócz ryby do patelni, która pasuje do Twojej frytownicy; dobrze wrzucić.
b) Umieść ból we frytkownicy i gotuj w temperaturze 360 stopni F przez 15 minut.
c) Dodaj rybę, przykryj i gotuj w temperaturze 360 stopni F przez kolejne 12 minut.
d) Podziel wszystko na talerze i podawaj od razu.

27. Tuńczyk z szafranem i czosnkiem

Porcje: 4 porcje

SKŁADNIKI:
- ½ łyżeczki nitek szafranu
- 1 łyżka Ciepła woda
- 1½ łyżki Ghee lub masła
- 1 łyżka Czosnek, posiekany
- 1½ funta Filety z tuńczyka, pokrojone w kostkę
- Gałązki pietruszki lub kolendry i ćwiartki cytryny do dekoracji

INSTRUKCJE:
a) Połącz nitki szafranu i wodę w misce i moczyć przez 10 minut.
b) Rozgrzej masło na małej patelni na średnim ogniu. Ugotuj czosnek na złoty kolor.
c) Odcedź masło do dużej miski, pozostawiając kawałki czosnku na patelni. Gdy masło ostygnie, dodaj szafran, płyn do moczenia i sól do smaku.
d) Wrzuć rybę do tej mieszanki, aż każdy kawałek będzie dobrze pokryty. Włóż rybę do brytfanny wyłożonej folią aluminiową.
e) Piecz, aż ryba będzie prawie nieprzejrzysta, około 12 do 15 minut w temperaturze 350. Spuść sok z blachy do pieczenia na patelnię z czosnkiem.
f) Włącz grill i grilluj rybę, aż wierzch lekko się zarumieni. Połóż rybę na ciepłym talerzu do serwowania.
g) Zredukuj sos, umieszczając patelnię zawierającą płyn i czosnek na średnim ogniu. Gotuj przez kilka minut, często mieszając.
h) Gdy płyn lekko zgęstnieje, polać nim rybę.
i) Skropić sokiem z cytryny i udekorować kolendrą/natką pietruszki i podawać.

Porcje: 4 porcje

SKŁADNIKI:
- 1 łyżka masła
- ½ szklanki całych blanszowanych migdałów
- Obfita szczypta nitek szafranu
- 2 do 3 uncji pancetty, w 2 grubych plasterkach, pokrojonych w kostkę
- 1 funt koziego mięsa, wyciętego z nogi
- 1 Cebula, drobno posiekana
- 2 duże ząbki czosnku, posiekane
- 3 Dojrzałe pomidory, obrane, pozbawione nasion i posiekane
- Sól i pieprz
- ½ łyżeczki suszonego tymianku
- 1 liść laurowy
- 4 średnie ziemniaki Russet, obrane i pokrojone na ósemki

INSTRUKCJE:
a) Rozgrzej masło na nieprzywierającej patelni i podsmaż na niej migdały, aż lekko się zrumienią. Przenieś do miski robota kuchennego, dodaj szafran i przetwarzaj, aż zostanie drobno zmielony. Odłożyć na bok.
b) Na tej samej patelni podsmaż pancettę, aż się lekko ugotuje i przełóż do ciężkiego rondla. Zrumienić mięso w 2 partiach i dodać do pancetty.
c) Podsmaż cebulę na złoty kolor, w razie potrzeby dodając trochę więcej masła.
d) do mięsa i wymieszać z czosnkiem, pomidorami, mieszanką migdałowo-szafranową, tymiankiem i liściem laurowym. Doprawić do smaku solą i pieprzem. Dodaj tyle wody, aby ledwo ją przykryć.
e) Doprowadzić do wrzenia, zmniejszyć ogień i częściowo przykryć patelnię. Gotuj przez 1 godzinę lub do momentu, aż mięso będzie prawie gotowe.
f) Dodaj ziemniaki, wpychając je pod mięso i gotuj jeszcze 15 minut, aż będą miękkie.

29. Polędwica wołowa na biczu dyniowo-szafranowym

Porcja: 1 porcja

SKŁADNIKI:
- 200 gramów polędwicy wołowej
- 200 gramów obranej dyni
- 4 nitki szafranu; (4 do 5)
- 120 ml Sos wołowy
- 1 łyżeczka zielonego pieprzu
- Sól i pieprz

INSTRUKCJE:
a) Aby zrobić chipsy z dyni, obierz wstążki dyni. Rozgrzej olej do 180 st. C. i smaż dynię na głębokim tłuszczu, aż będzie złocista. Odłożyć na bok.
b) Pozostałą dynię kroimy na kawałki i gotujemy w garnku.
c) Na gorącej patelni zwiń filet z oka ze wszystkich stron. Włóż mięso do piekarnika na około 20 minut w temperaturze 200 st. C. na średni stek. Jeśli brytfanna nie jest żaroodporna, przełóż mięso na blachę do piekarnika.
d) Kiedy dynia będzie miękka, rozgnieć ją z szafranem. Dodaj sól i pieprz do smaku.
e) Umieść puree na talerzu, a następnie połóż na nim wołowinę. Na tej samej patelni dodaj sok i ziarna pieprzu i lekko zredukuj.
f) Polać wołowinę i udekorować chipsami z dyni.

30. Udziec jagnięcy pieczony w szafranie

Porcje: 6 porcji

SKŁADNIKI:
- 1½ kilograma Udziec jagnięcy
- 1 łyżeczka nitek szafranu
- 450 ml wody Boling
- 300 mililitrów jogurtu naturalnego
- 2 łyżeczki soli
- ½ łyżeczki mielonego czarnego pieprzu
- 6 ząbków czosnku, rozgniecionych
- 6 Zielone chilli, posiekane
- 25 gramów masła

INSTRUKCJE:
a) Szafran rozgnieść i wymieszać z wrzącą wodą. Odłożyć na bok. Odetnij cały tłuszcz z udźca jagnięcego.
b) Wymieszaj jogurt, sól, pieprz, czosnek i chilli z ćwiartką szafranu. Posmaruj tą mieszanką i masłem udziec jagnięcy, a następnie zawiń go w folię do gotowania, aby zamknąć wszystkie soki.
c) Piec w umiarkowanie gorącym piekarniku (200c, 400F, gaz 6) przez 1 godzinę.
d) Rozwiń folię i polej mięso kolejną ćwiartką szafranu.
e) Kontynuuj gotowanie przez kolejne 15 minut, ponownie zawinięte w folię. Otwórz folię i piecz przez ostatnie 20 minut. Krótko przed podaniem polej mięso pozostałym szafranem.

31. Paella z kurczakiem, krewetkami i chorizo

SKŁADNIKI:

- ½ łyżeczki nitek szafranu, zmiażdżonych
- 2 łyżki oliwy z oliwek
- 1 funt bez skóry, bez kości udka z kurczaka, pokrojone na 2-calowe kawałki
- 4 uncje gotowanej, wędzonej hiszpańskiej kiełbasy chorizo, pokrojonej w plasterki
- 1 średnia cebula, posiekana
- 4 ząbki czosnku, posiekane
- 1 szklanka grubo startych pomidorów
- 1 łyżka wędzonej słodkiej papryki
- 6 filiżanek bulionu z kurczaka o obniżonej zawartości sodu
- 2 szklanki hiszpańskiego ryżu krótkoziarnistego, takiego jak bomba, Calasparra lub Valencia
- 12 dużych krewetek, obranych i pozbawionych żyłek
- 8 uncji mrożonego groszku, rozmrożonego
- Posiekane zielone oliwki (opcjonalnie)
- Posiekana włoska pietruszka

INSTRUKCJE:

a) W małej misce połącz szafran i 1/4 szklanki gorącej wody; odstaw na 10 minut.

b) Tymczasem na 15-calowej patelni do paelli rozgrzej olej na średnim ogniu. Dodaj kurczaka na patelnię. Gotuj, obracając od czasu do czasu, aż kurczak się zrumieni, około 5 minut. Dodaj chorizo. Gotuj jeszcze 1 minutę. Całość przełożyć na talerz. Dodaj cebulę i czosnek na patelnię. Gotuj i mieszaj 2 minuty. Dodać pomidory i paprykę. Gotuj i mieszaj jeszcze 5 minut lub do momentu, aż pomidory zgęstnieją i będą przypominać pastę.

c) Kurczaka i chorizo przełóż z powrotem na patelnię. Dodaj bulion z kurczaka, mieszankę szafranu i 1/2 łyżeczki soli; doprowadzić do wrzenia na dużym ogniu. Dodaj ryż na patelnię, mieszając raz, aby równomiernie rozprowadzić. Gotuj bez mieszania, aż ryż wchłonie większość płynu, czyli około 12 minut. (Jeśli twoja patelnia jest większa niż palnik, obracaj co kilka minut, aby zapewnić równomierne gotowanie ryżu.) Zmniejsz ogień do niskiego. Gotuj bez mieszania jeszcze przez 5 do 10 minut, aż cały płyn zostanie wchłonięty, a ryż będzie al dente. Na wierzchu krewetki i groszek. Ustaw ciepło na wysokie. Gotuj bez mieszania, jeszcze 1 do 2 minut (krawędzie powinny wyglądać na suche, a na dnie powinna powstać skorupa). Usunąć. Przykryj patelnię folią. Pozwól odpocząć 10 minut przed podaniem. W razie potrzeby posyp oliwkami i natką pietruszki.

32. Risotto z Brązowego Ryżu

Porcje: 4 Porcje

SKŁADNIKI:
- 1 łyżka oliwy z oliwek extra vergine
- 2 ząbki czosnku, posiekane
- 1 pomidor, posiekany
- 3 garści szpinaku baby
- 1 szklanka pieczarek, posiekanych
- 2 szklanki różyczek brokuła
- Sól i pieprz do smaku
- 2 szklanki ugotowanego brązowego ryżu
- Szczypta szafranu

SŁUŻYĆ
- Starty parmezan
- Płatki czerwonego chili

INSTRUKCJE:
a) Rozgrzej olej na patelni na średnim ogniu.

b) Podsmaż czosnek, aż zacznie się złocić.

c) Wymieszaj pomidory, szpinak, grzyby i brokuły wraz z solą i pieprzem; gotować, aż warzywa będą miękkie.

d) Wymieszaj ryż i szafran, pozwalając sokowi warzywnemu wsiąknąć w ryż.

e) Podawać na ciepło lub zimno, z płatkami parmezanu i czerwonej papryki.

33. Kurczak z oliwek

Robi: 4

SKŁADNIKI:
- 4 udka z kurczaka
- 1 łyżka soku z cytryny
- 2 łyżki oliwy z oliwek
- 2 cebule, cienko pokrojone
- 2 łyżki startej skórki z cytryny
- 1 szklanka oliwek, wypestkowanych i pokrojonych w plasterki
- 3 ząbki czosnku, zmiażdżone
- ½ łyżeczki mielonego imbiru
- ¼ łyżeczki nitek szafranu, zmiażdżonych
- 1½ szklanki bulionu z kurczaka
- ¼ szklanki świeżych liści pietruszki, posiekanych
- ¼ szklanki świeżych liści kolendry, posiekanych
- Sól
- Zmielony czarny pieprz

INSTRUKCJE:
a)   Skrop kurczaka sokiem z cytryny i posyp solą i czarnym pieprzem.

b)   W dużym holenderskim piekarniku rozgrzej olej na dużym ogniu i smaż udka z kurczaka przez około 4 do 6 minut z każdej strony.

c)   Doprowadź pozostałe składniki do wrzenia, z wyłączeniem ziół.

d)   Zmniejsz ogień do średnio-niskiego i gotuj przez około 1 godzinę i 15 minut.

e)   Wymieszaj z ziołami i gotuj na wolnym ogniu przez kolejne 15 minut.

f)   Natychmiast podawaj.

34. Szafranowe Podpłomyki Z Kurczaka Z Miętowym Jogurtem

Tworzy: 2

SKŁADNIKI:
- Szczypta szafranu
- 1 łyżka wrzącej wody
- 500 g udek z kurczaka bez kości i skóry
- 2 ząbki czosnku, obrane i zmiażdżone
- 1 łyżeczka listków tymianku
- Skórka otarta z 1 cytryny
- 4 łyżki jogurtu greckiego
- 1 czerwona cebula, obrana i pokrojona na 8 klinów
- 2 placki
- 2 duże garście mieszanych liści sałaty
- 140 g pomidorków koktajlowych, przekrojonych na pół
- 2 łyżki chrupiącej smażonej cebuli (dostępne w supermarketach), do podania (opcjonalnie)
- Do miętowego jogurtu
- 150g jogurtu greckiego
- Mała garść listków mięty, drobno posiekanych
- Sok z cytryny, do smaku

INSTRUKCJE:
a) Namocz 4 bambusowe szaszłyki w wodzie przez co najmniej 30 minut. Rozgrzej piekarnik do 240°C/220°C z termoobiegiem/gazem 9.

b) Używając tłuczka i moździerza, zmiel szafran na proszek, następnie zalej wrzącą wodą i odstaw.

c) Kurczaka pokrój na 5 cm kawałki i umieść w misce z czosnkiem, tymiankiem, skórką z cytryny i jogurtem. Dopraw solą i pieprzem, dodaj wodę szafranową i dobrze wymieszaj.

d) Nabijać kawałki kurczaka na patyki do szaszłyków, naprzemiennie z czerwoną cebulą. Umieścić na nieprzywierającej blasze do pieczenia i wstawić na wysoką półkę do piekarnika na 12 minut.

e) W międzyczasie zrobić jogurt miętowy. Jogurt połączyć z miętą, dodać sok z cytryny do smaku i doprawić odrobiną soli i pieprzu. Odłóż na bok, aż będą potrzebne.

f) Umieść podpłomyki na blasze do pieczenia i umieść na dnie piekarnika, aby się nagrzały na kilka minut.

g) Rozgrzej grilla. Gdy kurczak będzie się smażył przez 12 minut, umieść go pod grillem i smaż przez kolejne 3–4 minuty, aż uzyska złoty kolor i będzie ugotowany.

h) Połóż podpłomyki na talerzach i posmaruj na środku trochę miętowego jogurtu. Dodaj garść liści sałaty do każdego i podziel pomidory między nimi. Połóż ugotowane szaszłyki na wierzchu i posyp smażoną cebulą.

35. Risotto z wąsem cytrynowo-groszkowym

Porcje: 6 porcji

SKŁADNIKI:
- 3 ząbki czosnku
- 2 uncje wąsów grochu
- 1 cytryna
- 1 czerwona papryka
- 1 żółta cebula
- 1 szklanka ryżu Bomba
- 3 łyżki Warzywnego Demi-Glace
- 1 szczypta szafranu
- ⅓ szklanki tartego parmezanu
- 2 łyżki masła
- ¼ szklanki pędów grochu Microgreens

INSTRUKCJE:
☑ Podgrzej 2 łyżki oliwy z oliwek w garnku na średnim ogniu, aż będzie gorąca. Dodaj czosnek i cebulę.
☑ Dodaj pokrojoną w kostkę paprykę i dopraw solą i pieprzem.
☑ Gotuj przez 3 do 5 minut, często mieszając, aż zmiękną i będą aromatyczne.
☑ W garnku wymieszaj i zagotuj warzywny demi-glace, szafran, skórkę z cytryny, sok z 1 ćwiartki cytryny i wodę.
☑ Gdy woda się zagotuje, dodaj risotto i gotuj przez 14 do 16 minut, regularnie mieszając.
☑ Zdjąć risotto z patelni i wrzucić parmezan, posiekane wąsy grochu i masło; doprawiamy solą i pieprzem do smaku.
☑ Mieszaj, aż wszystko zostanie całkowicie połączone.
☑ Tuż przed podaniem wrzuć całe wąsy grochu do miski z sokiem z 1 plasterka cytryny i 1 łyżeczką oliwy z oliwek.
☑ Udekoruj pozostałymi 2 ćwiartkami cytryny i mikrogreenami.

36. Risotto z pieczarkami z brązowego ryżu

Porcje: 4 porcje

SKŁADNIKI:
- 1 łyżka oliwy z oliwek extra vergine
- 2 ząbki czosnku, posiekane
- 1 pomidor, posiekany
- 3 garści szpinaku baby
- 1 szklanka pieczarek, posiekanych
- 2 szklanki różyczek brokuła
- Sól i pieprz do smaku
- 2 szklanki ugotowanego brązowego ryżu
- Szczypta szafranu

SŁUŻYĆ
- Starty parmezan
- Płatki czerwonego chili

INSTRUKCJE:
- ☑ Rozgrzej olej na patelni na średnim ogniu.
- ☑ Podsmaż czosnek, aż zacznie się złocić.
- ☑ Wymieszaj pomidory, szpinak, grzyby i brokuły wraz z solą i pieprzem; gotować, aż warzywa będą miękkie.
- ☑ Wymieszaj ryż i szafran, pozwalając sokowi warzywnemu wsiąknąć w ryż.
- ☑ Podawać na ciepło lub zimno, z płatkami parmezanu i czerwonej papryki.

37. Paella Warzywna

Porcje: 4 porcje

SKŁADNIKI:
- 2 łyżki oliwy z oliwek
- 2 średnie marchewki, pokrojone w ¼-calowe plasterki
- 1 żeberko selera, pokrojone w ¼-calowe plasterki
- 1 średnia żółta cebula, posiekana
- 1 średnia czerwona papryka, pokrojona w ½-calową kostkę
- 3 ząbki czosnku, posiekane
- 8 uncji zielonej fasoli, przyciętej i pokrojonej na 1-calowe kawałki
- 1½ szklanki ugotowanej ciemnoczerwonej fasoli
- 14,5-uncjowa puszka pokrojonych w kostkę pomidorów, odsączonych
- 2½ szklanki bulionu warzywnego, domowej roboty
- ½ łyżeczki suszonego majeranku
- ½ łyżeczki mielonej czerwonej papryki
- ½ łyżeczki mielonych nasion kopru włoskiego
- ¼ łyżeczki szafranu lub kurkumy
- ¾ szklanki ryżu długoziarnistego
- 2 szklanki boczniaków, lekko opłukanych i osuszonych
- 14-uncjowa puszka serc karczochów odsączonych i poćwiartowanych

INSTRUKCJE:
☑ W dużym rondlu rozgrzej olej na średnim ogniu. Dodaj marchewkę, seler, cebulę, paprykę i czosnek. Przykryj i gotuj przez 10 minut.

☑ Dodaj zieloną fasolkę, fasolę, pomidory, bulion, sól, oregano, zmiażdżoną czerwoną paprykę, nasiona kopru włoskiego, szafran i ryż. Przykryj i gotuj przez 30 minut.

☑ Wymieszaj z grzybami i sercami karczochów. Spróbuj, dopraw do smaku, w razie potrzeby dodaj więcej soli. Przykryć i dusić jeszcze 15 minut. Natychmiast podawaj.

38. Risotto z kalafiora z szafranem

Porcja: 1 porcja

SKŁADNIKI:
- 4 uncje niesolonego masła
- 1¼ szklanki Drobno posiekanej cebuli
- 2¼ szklanki ryżu Arborio
- 1 łyżeczka nitek szafranu
- 9 filiżanek Lekki, wrzący bulion z kurczaka
- 4 szklanki Małe różyczki kalafiora, każdy o szerokości paznokcia
- ¾ szklanki Świeżo startego Parmigiano-Reggiano

INSTRUKCJE:

☑ Rozpuść 2 uncje masła na średnim ogniu w dużym, ciężkim garnku. Dodaj posiekaną cebulę i smaż, aż cebula będzie miękka i złota, od czasu do czasu mieszając - około 7 minut. Dodać ryż Arborio. Dobrze wymieszaj, aby ryż pokrył się masłem. Posypać nitkami szafranu. Gotuj przez minutę, mieszając.

☑ Zmień ciepło na średnio-wysokie. Dodaj 2 szklanki bulionu z kurczaka (lub tyle, aby zakryć ryż). Ciągle mieszaj. Gdy większość bulionu zostanie wchłonięta, dodaj kalafior i dobrze wymieszaj. Gdy cały wrzący bulion zostanie wchłonięty, dodaj około ½ szklanki więcej wrzącego bulionu, mieszając, aż się wchłonie. Powtarzaj tę procedurę, aż ryż będzie al dente. W sumie będziesz potrzebować od 9 do 12 filiżanek bulionu.

☑ Wmieszaj pozostałe masło do ryżu wraz ze świeżo startym Parmigiano-Reggiano. Dostosuj teksturę dodatkowym bulionem. Spróbuj doprawić i podawaj gorące z dużego półmiska na ogrzane talerze.

39. Czarna fasola z szafranowym ryżem

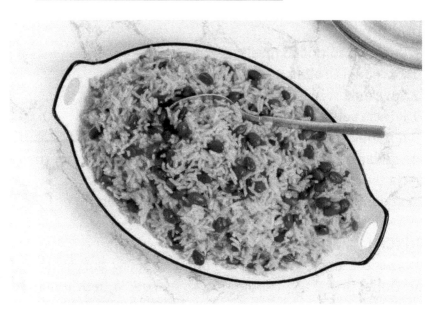

Porcje: 8 porcji

SKŁADNIKI:

- 2 szklanki czarnej fasoli
- 4 szklanki wody
- 1 cebula, przekrojona na pół
- 3 liście laurowe
- 6 ząbków czosnku, całe
- 2 szklanki ryżu
- ⅓ łyżeczki szafranu
- 6 pomidorów, wypestkowanych i pokrojonych
- 2 szklanki posiekanej cebuli
- 6 łyżek oliwy z oliwek
- 2 łyżki octu winnego
- 1 łyżeczka mielonego kminku
- ¼ łyżeczki pieprzu cayenne
- 4 łyżki świeżej bazylii lub pietruszki
- Czarny pieprz

INSTRUKCJE:

☑ Opłucz i posortuj fasolę. Włożyć do dużego, ciężkiego garnka z pokrywką. Zalej 4 szklankami wody. Doprowadzić do wrzenia, przykryć i zdjąć z ognia. Odstaw na 2 godziny.

☑ Do fasoli dodać przekrojoną na pół cebulę, liście laurowe i czosnek. Postaw na małym ogniu i gotuj pod przykryciem, aż fasola będzie miękka; około 1-½ do 2 godzin. Sprawdź wodę i dodaj więcej w razie potrzeby podczas gotowania.

☑ Usuń i wyrzuć cebulę, liście laurowe i ząbki czosnku. Trzymaj fasolę w cieple.

☑ Przygotuj dekorację na około 1 godzinę przed podaniem. Umieść pomidory i cebulę w misce do serwowania. Dodaj oliwę z oliwek, ocet, kminek, cayenne, pietruszkę lub bazylię i czarny pieprz do smaku. Wrzucić do blendowania.

☑ Zagotuj 4 szklanki wody w ciężkim rondlu ze szczelną pokrywką. Dodać ryż i nitki szafranu (nie dodawać za dużo szafranu). Dobrze wymieszaj, przykryj, zmniejsz ogień i gotuj na wolnym ogniu przez 20 minut lub do momentu, aż ryż wchłonie całą wodę.

☑ Aby podać, umieść ryż, czarną fasolę i udekoruj w osobnych miseczkach. Goście mogą obsłużyć się, umieszczając na swoich talerzach porcję ryżu, posypaną fasolą, a na koniec dekoracją.

40. Szafranowe tagliatelle z wiosennymi warzywami

Porcja: 1 porcja

SKŁADNIKI:
- Pręciki szafranu
- 280 gramów mąki pszennej
- 1 łyżeczka soli
- 1 łyżka oliwy z oliwek extra virgin
- 1 jajko
- 4 żółtka
- 30 gramów jąder sosny
- 3 gałązki świeżego rozmarynu
- 180 gramów Małe cukinie
- 120 gramów dymki
- 60 gramów Mange tout
- 1 łyżka oliwy z oliwek
- 300 ml Podwójny krem
- 120 gramów Mały bób; masa łuskana
- 120 gramów końcówek szparagów
- Sól i mielony czarny pieprz
- świeży szczypiorek; posiekana
- Kwiaty szczypiorku i rozmarynu do dekoracji

INSTRUKCJE:
☑ Przygotuj szafranowe tagliatelle. Do małej miski włożyć szczyptę pręcików szafranu i zalać 3 łyżkami wrzącej wody. Pozostawić do ostygnięcia, aby nasączyć kolor i smak.

☑ Przecedzamy przez drobne sito.

☑ Umieść mąkę i sól w robocie kuchennym, dodaj olej, jajko i żółtka. Uruchom silnik i stopniowo dodawaj napar z szafranu przez rurkę zasilającą. Przerwij przetwarzanie, gdy tylko ciasto się połączy.

☑ Przełóż ciasto na lekko posypaną mąką powierzchnię roboczą i ugniataj, aż będzie lśniące i gładkie. Zawinąć w folię lub folię spożywczą i schłodzić przez co najmniej godzinę.

☑ Ciasto przekroić na pół i rozwałkować każdy kawałek bardzo cienko. Pokrój w paski o długości około 60 cm. Lekko osusz, a następnie pokrój w tagliatelle. Jeśli masz wałek do makaronu, rozwałkuj ciasto na stopień 6, a następnie pokrój je na tagliatelle. Suszyć paski na wałkach do toczenia lub nowy trzonek miotły.

☑ Przygotuj wiosenny sos warzywny. Ziarna sosny uprażyć na złoty kolor pod gorącym grillem lub na suchej, ciężkiej patelni. Posiekaj rozmaryn. Cukinie pokroić. Dymki obrać, ale pozostawić w całości. Naganiacz górnego i ogonowego świerzbu. W dużym garnku zagotować osoloną wodę i dodać łyżkę oliwy z oliwek. Umieść rozmaryn i śmietanę w dużym rondlu. Doprowadzić do wrzenia i lekko zredukować. Dodaj bób i czubki szparagów i gotuj przez 30 sekund. Dodaj dymkę, krążki cukinii i mange tout. Gotuj przez kolejne 30 sekund.

☑ Wymieszaj z jądrami sosny. Dodaj tagliatelle do garnka z wrzącą wodą, ponownie zagotuj i gotuj przez trzydzieści sekund. Odcedzamy, płuczemy i dodajemy do warzyw i śmietany.

☑ Doprawiamy do smaku i podgrzewamy. Podawaj od razu udekorowane posiekanym świeżym szczypiorkiem, kwiatami szczypiorku i gałązką rozmarynu.

41. Szafrna ryżu z berberysem, pistacjami i mieszanką ziół

Robi: 6

SKŁADNIKI:
2½ łyżki / 40 g niesolonego masła
2 szklanki / 360 g ryżu basmati, wypłukanego pod zimną wodą i dobrze odsączonego
2⅓ szklanki / 560 ml wrzącej wody
1 łyżeczka nitek szafranu, namoczonych w 3 łyżkach wrzącej wody przez 30 minut
¼ szklanki / 40 g suszonego berberysu, namoczonego przez kilka minut we wrzącej wodzie ze szczyptą cukru
30 g koperku, grubo posiekanego
⅔ uncji / 20 g trybuli, grubo posiekanej
⅓ oz / 10 g estragonu, grubo posiekanego
½ szklanki / 60 g posiekanych lub pokruszonych niesolonych pistacji, lekko uprażonych
sól i świeżo zmielony biały pieprz

INSTRUKCJE:
Rozpuść masło w średnim rondlu i wymieszaj ryż, upewniając się, że ziarna są dobrze pokryte masłem. Dodaj wrzącą wodę, 1 łyżeczkę soli i trochę białego pieprzu. Dobrze wymieszaj, przykryj szczelnie dopasowaną pokrywką i pozostaw do gotowania na bardzo małym ogniu przez 15 minut. Nie ulegaj pokusie odkrycia patelni; musisz pozwolić ryżowi odpowiednio się ugotować.

Zdejmij patelnię z ognia – cała woda zostanie wchłonięta przez ryż – i zalej wodą szafranową jedną stronę ryżu, pokrywając około jednej czwartej powierzchni i pozostawiając większość z niej białą. Natychmiast przykryj patelnię ściereczką i szczelnie zamknij pokrywką. Odstawić na 5 do 10 minut.

Za pomocą dużej łyżki wyjmij białą część ryżu do dużej miski i wymieszaj widelcem. Odsącz berberysy i wymieszaj je, a następnie dodaj zioła i większość pistacji, pozostawiając kilka do dekoracji. Dobrze wymieszaj. Roztrzep ryż szafranowy widelcem i delikatnie wymieszaj z białym ryżem. Nie przesadzaj - nie chcesz, aby białe ziarna poplamiły się na żółto. Posmakuj i dopraw do smaku. Przenieś ryż do płytkiej miski i posyp pozostałymi pistacjami na wierzchu. Podawać na ciepło lub w temperaturze pokojowej.

Robi: 6

SKŁADNIKI:
1 funt / 500 g bobu, świeżego lub mrożonego
5 łyżek / 75 ml wrzącej wody
2 łyżki bardzo drobnego cukru
5 łyżek / 45 g suszonego berberysu
3 łyżki gęstej śmietany
¼ łyżeczki nitek szafranu
2 łyżki zimnej wody
5 łyżek oliwy z oliwek
2 średnie cebule, drobno posiekane
4 ząbki czosnku, zmiażdżone
7 dużych jaj z wolnego wybiegu
1 łyżka mąki uniwersalnej
½ łyżeczki proszku do pieczenia
1 szklanka / 30 g koperku, posiekanego
½ szklanki / 15 g posiekanej mięty
sól i świeżo zmielony czarny pieprz

INSTRUKCJE:

Rozgrzej piekarnik do 350°F / 180°C. Umieść fasolę fava na patelni z dużą ilością wrzącej wody. Gotować przez 1 minutę, odcedzić, odświeżyć pod zimną wodą i odstawić.

Wlej 5 łyżek / 75 ml wrzącej wody do średniej miski, dodaj cukier i mieszaj, aby się rozpuścił. Gdy syrop będzie letni, dodaj berberysy i pozostaw je na około 10 minut, a następnie odcedź.

W małym rondelku zagotować śmietankę, szafran i zimną wodę. Natychmiast zdjąć z ognia i odstawić na 30 minut do zaparzenia.

Podgrzej 3 łyżki oliwy z oliwek na średnim ogniu na nieprzywierającej, żaroodpornej patelni o średnicy 10 cali/25 cm z pokrywką. Dodaj cebulę i smaż przez około 4 minuty, od czasu do czasu mieszając, następnie dodaj czosnek i smaż i mieszaj przez kolejne 2 minuty. Wymieszaj fasolę fava i odłóż na bok.

Dobrze ubij jajka w dużej misce, aż się spienią. Dodaj mąkę, proszek do pieczenia, krem szafranowy, zioła, 1½ łyżeczki soli i ½ łyżeczki pieprzu i dobrze wymieszaj. Na koniec wymieszaj berberysy, fasolę fava i mieszankę cebuli.

Wytrzyj patelnię do czysta, dodaj pozostałą oliwę z oliwek i wstaw do piekarnika na 10 minut, aby dobrze się nagrzał. Wlej masę jajeczną na gorącą patelnię, przykryj pokrywką i piecz przez 15 minut. Zdejmij pokrywkę i piecz przez kolejne 20 do 25 minut, aż jajka się zetną. Wyjąć z piekarnika i odstawić na 5 minut, po czym przełożyć na półmisek. Podawać na ciepło lub w temperaturze pokojowej.

Robi: 6

SKŁADNIKI:

2½ łyżki / 40 g niesolonego masła

2 szklanki / 360 g ryżu basmati, wypłukanego pod zimną wodą i dobrze odsączonego

2⅓ szklanki / 560 ml wrzącej wody

1 łyżeczka nitek szafranu, namoczonych w 3 łyżkach wrzącej wody przez 30 minut

¼ szklanki / 40 g suszonego berberysu, namoczonego przez kilka minut we wrzącej wodzie ze szczyptą cukru

30 g koperku, grubo posiekanego

⅔ uncji / 20 g trybuli, grubo posiekanej

⅓ oz / 10 g estragonu, grubo posiekanego

½ szklanki / 60 g posiekanych lub pokruszonych niesolonych pistacji, lekko uprażonych

sól i świeżo zmielony biały pieprz

INSTRUKCJE:

Rozpuść masło w średnim rondlu i wymieszaj ryż, upewniając się, że ziarna są dobrze pokryte masłem. Dodaj wrzącą wodę, 1 łyżeczkę soli i trochę białego pieprzu. Dobrze wymieszaj, przykryj szczelnie dopasowaną pokrywką i pozostaw do gotowania na bardzo małym ogniu przez 15 minut. Nie ulegaj pokusie odkrycia patelni; musisz pozwolić ryżowi odpowiednio się ugotować.

Zdejmij patelnię z ognia – cała woda zostanie wchłonięta przez ryż – i zalej wodą szafranową jedną stronę ryżu, pokrywając około jednej czwartej powierzchni i pozostawiając większość z niej białą. Natychmiast przykryj patelnię ściereczką i szczelnie zamknij pokrywką. Odstawić na 5 do 10 minut.

Za pomocą dużej łyżki wyjmij białą część ryżu do dużej miski i wymieszaj widelcem. Odsącz berberysy i wymieszaj je, a następnie dodaj zioła i większość pistacji, pozostawiając kilka do dekoracji. Dobrze wymieszaj. Roztrzep ryż szafranowy widelcem i delikatnie wymieszaj z białym ryżem. Nie przesadzaj - nie chcesz, aby białe ziarna poplamiły się na żółto. Posmakuj i dopraw do smaku. Przenieś ryż do płytkiej miski i posyp pozostałymi pistacjami na wierzchu. Podawać na ciepło lub w temperaturze pokojowej.

Robi: 4

SKŁADNIKI:

450 g karczochów jerozolimskich, obranych i pokrojonych wzdłuż na 6 kawałków o grubości 1,5 cm

3 łyżki świeżo wyciśniętego soku z cytryny

8 ud z kurczaka ze skórą i kością lub 1 średni cały kurczak, pokrojony w ćwiartki

12 bananów lub innych dużych szalotek, przekrojonych wzdłuż na pół

12 dużych ząbków czosnku, pokrojonych w plasterki

1 średnia cytryna, przekrojona wzdłuż na pół, a następnie pokrojona w bardzo cienkie plasterki

1 łyżeczka nitek szafranu

3½ łyżki / 50 ml oliwy z oliwek

¾ szklanki / 150 ml zimnej wody

1¼ łyżki różowego pieprzu, lekko rozgniecionego

¼ szklanki / 10 g świeżych liści tymianku

1 szklanka / 40 g liści estragonu, posiekanych

2 łyżeczki soli

½ łyżeczki świeżo zmielonego czarnego pieprzu

INSTRUKCJE:

Umieść karczochy jerozolimskie w średnim rondlu, zalej dużą ilością wody i dodaj połowę soku z cytryny. Doprowadzić do wrzenia, zmniejszyć ogień i gotować na wolnym ogniu przez 10 do 20 minut, aż będą miękkie, ale nie miękkie. Odcedź i pozostaw do ostygnięcia. Umieść karczochy jerozolimskie i wszystkie pozostałe składniki, z wyjątkiem pozostałego soku z cytryny i połowy estragonu, w dużej misce i dobrze wymieszaj wszystko rękami. Przykryj i pozostaw do zamarynowania w lodówce na noc lub na co najmniej 2 godziny.

Rozgrzej piekarnik do 475°F / 240°C. Ułóż kawałki kurczaka skórą do góry na środku brytfanny i rozłóż pozostałe składniki wokół kurczaka. Piecz przez 30 minut. Przykryj patelnię folią aluminiową i gotuj przez kolejne 15 minut. W tym momencie kurczak powinien być całkowicie ugotowany. Wyjąć z piekarnika i dodać zarezerwowany estragon i sok z cytryny. Dobrze wymieszaj, posmakuj i w razie potrzeby dodaj więcej soli. Podawaj od razu.

45. Tubetti w stylu risotto z szafranem

Robi: 4

SKŁADNIKI:
5 szklanek bulionu z kurczaka
¼ szklanki oliwy z oliwek extra virgin
1 szklanka posiekanej żółtej cebuli (około 1 średniej cebuli)
Sól koszerna
2 szklanki małego makaronu tubetti
½ łyżeczki nitek szafranu
2 łyżki niesolonego masła
¼ szklanki świeżo startego sera Parmigiano-Reggiano plus więcej do dekoracji

INSTRUKCJE:
1. Podgrzej bulion i podsmaż cebulę. W rondlu podgrzej bulion z kurczaka do wrzenia na średnim ogniu. Wyłącz ogrzewanie. Podczas gdy bulion się gotuje, w dużym rondlu z wysokimi ściankami rozgrzej oliwę z oliwek na średnim ogniu, aż będzie gorąca. Dodać cebulę i doprawić 1 łyżeczką soli. Gotuj, mieszając od czasu do czasu, przez 3 do 4 minut, aż zmiękną i będą przezroczyste, ale nie zrumienione.
2. Podpiecz makaron. Dodaj makaron i gotuj, od czasu do czasu mieszając, przez 5 do 6 minut, aż będzie złoty. Dodaj szafran i gotuj, często mieszając, przez 30 do 45 sekund, aż zacznie pachnieć.
3. Dodaj bulion. Dodaj 1½ szklanki bulionu i gotuj, często mieszając, przez 5 do 6 minut, aż cały płyn zostanie wchłonięty. Powtórzyć z pozostałym bulionem, dodając po 1 do 1½ filiżanki na raz i mieszając, aż większość płynu zostanie wchłonięta przed każdym dodaniem, łącznie przez 15 do 20 minut. Makaron powinien być al dente i pozostanie trochę płynu.
4. Zakończ tubetti. Zmniejsz ogień do niskiego poziomu i wymieszaj z masłem. Zdjąć z ognia i wymieszać z ¼ szklanki sera. Przełożyć do naczynia do serwowania, posypać większzą ilością sera i podawać.

Porcje: 4 porcje

SKŁADNIKI:
- 3 szklanki bulionu z kurczaka lub więcej w razie potrzeby
- 2 ząbki czosnku, posiekane
- 1 szczypta szafranu
- 1 szklanka bekonu pancetta, pokrojonego w kostkę
- 2 łyżki oliwy z oliwek, podzielone
- ½ szklanki pokrojonej w kostkę marchwi
- ½ szklanki zamrożonych serc karczochów, rozmrożonych
- ½ szklanki świeżej zielonej fasoli
- 2 szklanki pokrojonej w kostkę białej cebuli
- 1 szczypta soli i czarnego pieprzu do smaku
- 2 szklanki pokrojonych w kostkę pomidorów
- 1 (16 uncji) opakowanie spaghetti, podzielone na 2-calowe kawałki

INSTRUKCJE:

a) W rondlu połącz bulion z kurczaka, czosnek i szafran. Podgrzej, aż będzie gorący, ale nie za gorący, aby włożyć palec. Przykryj i utrzymuj ciepło na małym ogniu, aby szafran mógł się zaparzyć, podczas gdy będziesz kontynuować przepis.

b) Gotuj i mieszaj pokrojoną w kostkę pancettę na żeliwnej patelni na średnim ogniu, aż większość tłuszczu się wytopi, a pancetta ugotuje się do pożądanego stopnia wysmażenia, około 10 minut. Po tym czasie wyjmij pancettę i odłóż na bok.

c) Odrzuć tłuszcz i wlej 1 łyżkę oliwy z oliwek. Gotuj i mieszaj marchewki, serca karczochów i fasolkę szparagową, aż warzywa zaczną mięknąć, a następnie zdejmij z patelni i odłóż na bok. Na patelni rozgrzej pozostałą 1 łyżkę oliwy z oliwek i wrzuć cebulę. Dopraw solą i pieprzem i gotuj, aż cebula zmięknie, około 10 minut. Dodaj pomidory i gotuj, aż mieszanina pomidorów i cebuli stanie się praktycznie pastą, od 15 do 20 minut.

d) Rozłóż mieszankę cebuli równomiernie na dnie patelni i posyp równomiernie połamanymi kawałkami spaghetti. Wlej tyle bulionu szafranowego, aby przykrył makaron, a następnie ułóż pancettę i ugotowane warzywa na wierzchu. W razie potrzeby dodaj dodatkowy bulion szafranowy, aby przykrył warzywa. Doprowadź do wrzenia, a następnie zmniejsz ogień do średnio-niskiego i gotuj, aż makaron będzie miękki, około 15 minut.

47. Maślany ryż szafranowy

Porcje: 6 porcji

SKŁADNIKI:
- 2 łyżeczki szafranu; liść szafranu
- 2 łyżki Mleko; ciepła sól
- 2 szklanki ryżu, basmati
- 4 łyżki masła

INSTRUKCJE:
a) Umieść szafran na małej, suchej, gorącej patelni na średnim ogniu przez około 1 minutę lub tylko do momentu, aż zacznie pachnieć. Rozdrobnij na mleku.

b) Napełnij duży garnek około 13 szklankami wody; dodać sól i doprowadzić do wrzenia.

c) W międzyczasie umieść ryż w średniej misce i zalej zimną wodą.

d) Natychmiast odcedź ryż przez durszlak. Umyć i odsączyć jeszcze dwa razy.

e) Gdy woda się zagotuje, dodaj ryż i raz zamieszaj; doprowadzić do wrzenia. Gotuj 5 minut; Ryż powinien być lekko twardy w środku.

f) Odsączyć na durszlaku i przełożyć do naczynia żaroodpornego. Skropić ryż mlekiem szafranowym, kilka razy bardzo delikatnie podrzucając. Podziel masło na cztery części; ułożyć na ryżu.

g) Wytnij kawałki folii aluminiowej o 2 cale większe niż krawędź naczynia; ułożyć na wierzchu naczynia; umieść pokrywkę na folii. Piec w nagrzanym piekarniku 300F przez 40 do 50 minut, sprawdzając po 40 minutach, czy ryż jest ugotowany.

h) Podawaj ryż z paskami w kolorze szafranu, wyłożony łyżką na ogrzany półmisek.

48. Medaliony z łososia z sosem szafranowym

Porcje: 6 porcji

SKŁADNIKI:
600 gramów fileta z łososia tasmańskiego, bez skóry i ości
50 gramów eschalotów drobno posiekanych
1 mały ząbek czosnku drobno posiekany
60 gramów masła
40ml Wermut
60 ml Białe wytrawne wino
1 litr Gorącego bulionu rybnego
2 do 3 porów
Obfita szczypta nitek szafranu
90 ml kremu
1 łyżeczka soku z cytryny
2 łyżki Drobno posiekanego szczypiorku
Ikra łososia

INSTRUKCJE:

Filet z łososia przekroić wzdłuż na pół i odłożyć na bok. Pory obrać, odrzucając twarde zewnętrzne liście. Przekroić wzdłuż na pół i bardzo dokładnie umyć pod zimną bieżącą wodą. Blanszować we wrzącej wodzie, aż zmiękną. Odcedź i odśwież zimną wodą. Odcedź ponownie, aby usunąć nadmiar wody. Wybierz paski pora mniej więcej tego samego rozmiaru, odrzucając te, które są zbyt duże lub połamane na kawałki. Rozłóż arkusz folii na tyle duży, aby przykrył jedną połówkę łososia i ułóż paski pora pionowo na wierzchu, lekko zachodząc na brzegi i dopasowując je do długości kawałka łososia. Ułóż łososia na warstwie porów i zwiń w folię, tworząc kształt kiełbasy, zlepiając końce. Powtórz z drugim kawałkiem łososia. Piec w nagrzanym piekarniku 100'C przez 20 minut.

Przygotowanie sosu: gotuj pokrojone szaszłyki i czosnek w połowie masła na małym ogniu, aż szaszłyki będą miękkie i przezroczyste.

Dodaj wermut i wino i gotuj na małym ogniu, aż całkowicie się zredukuje. Dodaj bulion rybny i szafran, gotuj, aż zredukuje się do jednej trzeciej. Dodaj śmietanę i gotuj przez kolejne 5 minut, następnie odcedź, dodaj sok z cytryny i szczypiorek oraz wymieszaj z pozostałym masłem.

Sposób podania: każdy kawałek łososia pokroić w poprzek na 6 medalionów. Na każdym talerzu ułóż po dwa medaliony, polej sosem i posyp odrobiną ikry łososia.

49. Przegrzebki z szafranem

Porcje: 4 porcje

SKŁADNIKI:
1 funt Przegrzebki morskie, wyłuskane, opłukane i osuszone
5 łyżek masła
1 szalotka, posiekana
¼ łyżeczki szafranu Powered
1 łyżeczka koniaku
1 łyżeczka wytrawnego wermutu
2 Duże pomidory obrać ze skórki, wypestkować i grubo posiekać
¼ funta Grzyby, pokrojone w cienkie plasterki
2 szklanki gęstej śmietany
Sól pieprz
Ryż Pilaf
Aby zrobić pilaw z ryżu; Podsmaż ½ szklanki białego ryżu na odrobinie oleju lub masła w rondlu, dodaj 1 szklankę wrzącej wody. Przykryj i gotuj delikatnie, aż cały płyn się wchłonie - około 20 minut.

Podgrzej masło na niereaktywnej patelni sauté i dodaj szalotkę. Gdy tylko szalotka stanie się przezroczysta, dodaj przegrzebki i szafran i dopraw solą/pieprzem. Przykryć i dusić 2 minuty. Dodaj koniak i wermut, następnie pomidory. Przykryć i dusić 8 minut.

Usuń przegrzebki i ułóż je w ogrzanym naczyniu do serwowania. Gotuj sos bez przykrycia na średnim ogniu, aż lekko zgęstnieje. Przegrzebki polać sosem, podawać z pilawem ryżowym.

50. Duszony kurczak z pomidorami i szafranem

Porcje: 4 Porcje

SKŁADNIKI:
1 3 1/2 funta pokrojonego kurczaka
2 funty Dojrzałe pomidory posiekane lub-
2 28 uncji puszki pomidorów śliwkowych, Sok wyrzucić.
6 średnich Ząbki czosnku posiekane
½ średniej cebuli, grubo posiekanej
1 pasek skórki pomarańczowej
2 Anchois opłukane, osuszone i posiekane
15 Oliwki nicejskie, bez pestek i grubo posiekane
2½ łyżki oliwy z oliwek
2 liść laurowy
½ łyżeczki tymianku
⅛ łyżeczki nitek szafranu, pokruszonych
¼ szklanki białego wytrawnego wina
1 szklanka bulionu z kurczaka
⅛ łyżeczki pieprzu Cayenne
2 łyżki posiekanej natki pietruszki
Sól i pieprz
Kawałki kurczaka osusz, posyp solą i pieprzem. Świeże pomidory obrać i posiekać lub odsączyć, wypestkować i posiekać pomidory z puszki. Podgrzej 1½ łyżki oliwy z oliwek na 12-calowej patelni i smaż kurczaka, aż się lekko zrumieni.

Przełożyć na talerz i odstawić. Rozgrzej pozostałą 1 łyżkę oliwy z oliwek, dodaj cebulę, liść laurowy i tymianek i smaż, aż cebula zmięknie. Dodaj czosnek i smaż, aż zacznie pachnieć. Dodaj szafran, białe wino i gotuj na wolnym ogniu, aż wino prawie odparuje. Dodaj bulion i gotuj na wolnym ogniu, aż płyn zredukuje się do ½ szklanki około 8 minut. Dodać pomidory, cayenne, skórkę pomarańczową i anchois. Umieść kurczaka z powrotem na patelni i gotuj około 20 minut lub na średnim ogniu. Wmieszaj oliwki i dopraw do smaku. Udekorować posiekaną natką pietruszki i podawać.

Porcje: 4 Porcje

SKŁADNIKI:
½ szklanki białego wina
1 szklanka bulionu rybnego lub warzywnego
Albo bulion warzywny w puszce
3 ząbki czosnku, posiekane
1 mała cebula, grubo posiekana
1 mała marchewka, grubo posiekana
1 szczypta szafranu
¼ łyżeczki mielonego kminku
1 liść laurowy
Szczypta soli
¼ łyżeczki Świeżo zmielonego czarnego pieprzu
4 filety z halibuta

Na dużej patelni do smażenia na dużym ogniu zagotuj białe wino, bulion, czosnek, cebulę, marchewkę, szafran, mielony kminek, liść laurowy, sól i pieprz.

Zmniejsz ogień, a gdy mieszanina się zagotuje, dodaj halibuta. Smaż przez 3 do 5 minut z każdej strony, aby uzyskać filet o grubości 1 cala/2,5 cm. Wyjąć rybę łyżką cedzakową.

Podawaj halibuta z ugotowanym na parze ryżem i skrop odrobiną płynu z gotowania.

52. Risotto z kaczych wątróbek

Porcje: 1 porcja

SKŁADNIKI:
- 30 gramów jąder sosny
- Wątróbki z 2 kaczek
- Mleko; do moczenia
- Sól i mielony czarny pieprz
- 1 cebula
- 2 tłuste ząbki czosnku
- 5 łyżek oliwy z oliwek extra virgin
- 225 gramów ryżu arborio lub risotto
- Dobra szczypta pręcików szafranu
- 1 żółta papryka
- 1⅛ litrowy bulion z kaczki
- 4 łodygi oregano lub złocistego majeranku
- 24 zielone oliwki; (od 24 do 30)
- 15 gramów niesolonego masła
- 2 łyżki Madery
- 2 łyżki świeżego szczypiorku; posiekana

INSTRUKCJE:
a) Pestki sosny uprażyć pod gorącym grillem lub na suchej patelni na złoty kolor.

b) Przytnij wątróbki, usuwając wszelkie zielone kawałki. moczyć w odrobinie mleka przez 15 minut, aby usunąć wszelkie ślady goryczy. Opłucz w zimnej wodzie i osusz. Przekroić na pół i lekko posolić.

c) Obierz i drobno posiekaj cebulę. Czosnek obrać i rozgnieść. Na dużej patelni lub patelni do risotto rozgrzać oliwę z oliwek, dodać cebulę i czosnek i smażyć do miękkości.

d) Dodaj ryż i szafran. Dobrze wymieszaj, aż ryż dokładnie się pokryje i wchłonie olej. Lekko doprawić.

e) Paprykę przekrój na pół, usuń rdzeń, nasiona i błonę. Mięso pokroić w drobną kostkę. Dodaj do patelni.

f) Stopniowo dodawać połowę bulionu. Doprowadzić do wrzenia. Zmniejsz ogień do powolnego wrzenia i gotuj, aż ryż będzie prawie gotowy. Dodawaj trochę bulionu, często potrząsając patelnią.

g) Listki oregano lub majeranku obrać i posiekać. Dodać na patelnię z oliwkami i suszonymi pomidorami po ugotowaniu ryżu przez 10 minut. Po kolejnych 2-3 minutach dodaj prażone pestki sosny.

h) Rozpuść masło na gorącej patelni. Smażymy energicznie wątróbki ze wszystkich stron często obracając. Upewnij się, że są ugotowane, ale nadal różowe w środku. Dodaj Maderę do patelni i zeskrob do niej resztki mięsa.

i) Doprawiamy risotto do smaku i dodajemy posiekany szczypiorek.

j) Podawaj risotto z wątróbkami ułożonymi na wierzchu. Łyżką soku z wątroby i pozwól im wymieszać się z ryżem.

SAŁATKI I DODATKI

Porcje: 4 porcje

SKŁADNIKI:
- 8 uncji małe kształty makaronu
- 4 łyżeczki oliwy z oliwek
- 1 szczypta czystego proszku szafranowego lub nici
- 1 uncja płatków migdałów
- 2 uncje porzeczek
- 1 ząbek czosnku, rozgnieciony
- Sok z 1 limonki
- 1 łyżeczka jasnego miodu
- ¼ łyżeczki mielonego kminku
- ¼ łyżeczki Mielona kolendra
- 1 Żółta papryka pozbawiona nasion i pokrojona w paski
- 1 łyżka drobno posiekanej świeżej pietruszki
- 1 łyżka drobno posiekanej świeżej mięty
- 1 łyżka drobno posiekanej świeżej kolendry
- Sól i świeżo zmielony
- Czarny pieprz
- Świeże liście kolendry, do dekoracji

INSTRUKCJE:
a) Makaron gotujemy w dużej ilości lekko osolonego wrzątku kilka minut krócej niż na opakowaniu. Dobrze spłucz zimną wodą i dokładnie odsącz. Przełożyć do miski do serwowania.
b) W małym rondlu rozgrzej olej i dodaj szafran, płatki migdałów, porzeczki i czosnek. Gotuj delikatnie, mieszając, aż migdały zmienią kolor na orzechowo-brązowy. Zdjąć z ognia i wymieszać z sokiem z limonki, miodem, kminkiem i kolendrą.
c) Delikatnie wymieszaj makaron, paski pieprzu i świeże zioła w dressingu, aż lekko się nim pokryje. Doprawić do smaku solą i pieprzem.
d) Przechowywać w lodówce przez 1 godzinę, a następnie podawać sałatkę, udekorowaną gałązkami świeżej kolendry.

54. Szafranowy koper włoski sous vide

Robi: 4

SKŁADNIKI:

- 2 koper bulwiasty
- 1 g szafranu
- 100 ml bulionu drobiowego
- 20 ml oliwy z oliwek
- 3 gramy soli

INSTRUKCJE:

a) Pokrój koper włoski wzdłuż na plastry o grubości około 6 mm. Tam, gdzie liście zwisają razem przez łodygę, powstają plastry.

b) Łodygi i zewnętrzne części można dobrze wykorzystać do zupy krem z kopru włoskiego.

c) Odkurzyć plastry razem z innymi składnikami w worku próżniowym. Gotować w łaźni wodnej w temperaturze 85°C przez 3 godziny.

d) Wyjąć z torebek i zredukować bulion do ok. ⅓ kwoty.

e) Wspaniały i efektowny dodatek, na przykład do dań mięsnych i rybnych.

55. Puree ziemniaczane z szafranem

Porcje: 2 Porcje

SKŁADNIKI:
- 1 szczypta szafranu; lekko zgnieciony
- 1 funt ziemniaków; pokrojony w kostkę
- ¼ łyżeczki soli czosnkowej
- 1 łyżka oliwy z oliwek
- 1 uncja sera Cheddar; tarty
- 4 łyżki mleka

INSTRUKCJE:
a) Zaparz szafran w 1 łyżce wrzącej wody.
b) Ziemniaki gotujemy we wrzącej osolonej wodzie do miękkości. Odpływ.
c) Ziemniaki rozgnieść z szafranem, solą czosnkową, olejem, serem i mlekiem, aż będą dobrze oczyszczone.

Porcje: 6 porcji

SKŁADNIKI:

- 3 szklanki bulionu warzywnego; domowy rosół z kurczaka
- 1 szczypta szafranu
- Sól i pieprz; do smaku
- 1½ szklanki kuskusu
- 1 średnia czerwona cebula; Julienned
- 2 ząbki czosnku; posiekana
- 1 duży pomidor; ziarno, kostka
- 1 łyżeczka świeżego korzenia imbiru; posiekana
- ⅓ szklanki Porzeczki
- 1 łyżka świeżej kolendry; lub natka pietruszki, posiekana
- 2 limonki; sok z (do)
- 2 łyżki oliwy z oliwek
- Sól i pieprz; do smaku

INSTRUKCJE:

☑ W średnim rondlu na dużym ogniu zagotuj bulion i szafran, dopraw solą i pieprzem. Umieść kuskus w dużej niereaktywnej misce i zalej wrzącym bulionem. Przykryć i odstawić na 1 minutę lub do wchłonięcia całego płynu. Kuskus spulchnij widelcem i odłóż na bok.

☑ W średniej misce wymieszaj cebulę, czosnek, pomidor, imbir, porzeczki, kolendrę i sok z limonki. Powoli wlewać oliwę z oliwek i doprawić solą i pieprzem. Wlać mieszaninę do kuskusu i dobrze wymieszać.

☑ Sałatkę z kuskusem podawaj w temp.

Porcje: 6 porcji

SKŁADNIKI:

- 6 łyżek oliwy z oliwek extra virgin
- 2 łyżki świeżego soku z cytryny
- 2 małe ząbki czosnku; mielony
- ½ łyżeczki grubej soli
- ½ łyżeczki mielonego kminku
- ¼ łyżeczki płatków czerwonej papryki; do ½
- 4 małe buraki z dołączonymi zieleniami; do 5
- 1 szklanka niegotowanej komosy ryżowej
- 2 szklanki bulionu warzywnego
- ⅛ łyżeczki nitek szafranu
- 5 łyżeczek oliwy z oliwek
- 2 uncje Cienko pokrojone szalotki; (½ szklanki)
- 3 średnie Ząbek czosnku; mielony
- 1½ łyżki Świeży sok z cytryny
- ¼ łyżeczki soli

INSTRUKCJE:

☑ Rozgrzej piekarnik do 400F.

☑ W małej misce wymieszaj wszystkie składniki.

☑ Doprawiamy do smaku i odstawiamy.

☑ Umyj buraki i odetnij zielenie, pozostawiając około 1 cala przyczepionej. Zarezerwuj zielone buraki. Zawiń każdy burak z osobna w folię i piecz do miękkości po przekłuciu cienkim nożem, od 45 minut do 1 godziny. Odstawić do ostygnięcia.

☑ Gdy buraki są wystarczająco chłodne, aby je obsługiwać, obierz i pokrój w cienkie plasterki. Umieść buraki w małej misce, dodaj 2 do 3 łyżek marynaty i delikatnie wymieszaj.

☑ Komosę przełóż na gęste sito i płucz pod zimną wodą, aż piana opadnie. Komosę przełożyć do małego rondelka, dodać bulion i szafran i zagotować. Zmniejsz ogień do niskiego poziomu, przykryj i gotuj na wolnym ogniu, aż bulion zostanie wchłonięty przez 13 do 15 minut.

☑ W międzyczasie na średniej patelni rozgrzej 3 łyżeczki oliwy z oliwek na średnim ogniu. Dodać szalotki i smażyć do chrupkości, często mieszając przez około 3 minuty.

☑ Osączamy na ręcznikach papierowych i odstawiamy.

☑ Przenieś ugotowaną mieszankę komosy ryżowej do średniej miski i wymieszaj z 3 do 4 kolejnymi łyżkami marynaty. (Pozostała marynata może być przykryta i przechowywana w lodówce do 3 dni.) Usuń i wyrzuć grube łodygi z botwinki; liście grubo posiekać. Na dużej patelni rozgrzej pozostałe 2 łyżeczki oleju na średnim ogniu. Dodać czosnek i smażyć, często mieszając, przez 1 minutę. Dodaj buraki i gotuj, aż zwiędną, od 1 do 2 minut. Wymieszaj sok z cytryny i sól. Doprawić pieprzem.

☑ Aby podać, podziel pokrojone buraki na talerze do serwowania i ułóż je wokół krawędzi. Kopiec ¼ szklanki mieszanki komosy ryżowej na środku buraków. Udekoruj buraczkami, udekoruj smażoną szalotką i podawaj.

Robi: 6

SKŁADNIKI:
1 pomarańcza
2½ łyżki / 50 g miodu
½ łyżeczki nitek szafranu
1 łyżka białego octu winnego
1¼ szklanki / około 300 ml wody
2¼ funta / 1 kg piersi z kurczaka bez skóry i kości
4 łyżki oliwy z oliwek
2 małe bulwy kopru włoskiego, cienko pokrojone
1 szklanka / 15 g zebranych liści kolendry
⅔ szklanki / 15 g zebranych listków bazylii, porwanych
15 zerwanych listków mięty, porwanych
2 łyżki świeżo wyciśniętego soku z cytryny
1 czerwona papryczka chilli, cienko pokrojona
1 ząbek czosnku, zmiażdżony
sól i świeżo zmielony czarny pieprz

Rozgrzej piekarnik do 400°F / 200°C. Przytnij i odrzuć ⅜ cala / 1 cm od góry i ogona pomarańczy i pokrój ją na 12 klinów, pozostawiając skórkę. Usuń wszelkie nasiona.

Umieść ćwiartki w małym rondlu z miodem, szafranem, octem i taką ilością wody, aby zakryła pomarańczowe ćwiartki. Doprowadzić do wrzenia i gotować na wolnym ogniu przez około godzinę. Na koniec powinieneś zostać z miękką pomarańczą i około 3 łyżkami gęstego syropu; dodawaj wodę podczas gotowania, jeśli poziom płynu jest bardzo niski. Użyj robota kuchennego, aby zmiksować pomarańczę i syrop na gładką, płynną pastę; ponownie, jeśli to konieczne, dodaj trochę wody.

Wymieszaj pierś z kurczaka z połową oliwy z oliwek oraz dużą ilością soli i pieprzu i umieść na bardzo gorącej żebrowanej patelni grillowej. Smaż przez około 2 minuty z każdej strony, aby uzyskać wyraźne ślady zwęglenia na całej powierzchni. Przełożyć do brytfanny i wstawić do piekarnika na 15 do 20 minut, aż się ugotuje.

Gdy kurczak jest wystarczająco chłodny, aby go dotykać, ale nadal jest ciepły, rozerwij go rękami na szorstkie, dość duże kawałki. Umieść w dużej misce do mieszania, zalej połową pasty pomarańczowej i dobrze wymieszaj. (Drugą połowę możesz przechowywać w lodówce przez kilka dni. Będzie dobrym dodatkiem do ziołowej salsy do tłustych ryb, takich jak makrela lub łosoś.) Dodaj pozostałe składniki do sałatki, w tym resztę oliwę z oliwek i delikatnie wymieszać. Spróbuj, dodaj sól i pieprz, aw razie potrzeby więcej oliwy z oliwek i soku z cytryny.

Porcje: 4 Porcje

SKŁADNIKI:
- 8 uncji (240 g) małych kształtów makaronu
- 4 łyżeczki oliwy z oliwek
- 1 szczypta czystego szafranu w proszku lub nici
- 1 uncja (30 g) płatków migdałów
- 2 uncje (60 g) porzeczek
- 1 ząbek czosnku, rozgnieciony
- Sok z 1 limonki
- 1 łyżeczka jasnego miodu
- ¼ łyżeczki mielonego kminku
- ¼ łyżeczki Mielona kolendra
- 1 Żółta papryka pozbawiona nasion i pokrojona w paski
- 1 łyżka drobno posiekanej świeżej pietruszki
- 1 łyżka drobno posiekanej świeżej mięty
- 1 łyżka drobno posiekanej świeżej kolendry
- Sól i świeżo zmielony czarny pieprz
- Świeże liście kolendry, do dekoracji

1. Makaron gotujemy w dużej ilości lekko osolonego wrzątku kilka minut krócej niż na opakowaniu WSKAZÓWKA. Dobrze spłucz zimną wodą i dokładnie odsącz. Przełożyć do miski do serwowania. 2. W małym rondlu rozgrzej olej i dodaj szafran, płatki migdałów, porzeczki i czosnek. Gotuj delikatnie, mieszając, aż migdały zmienią kolor na orzechowo-brązowy. Zdjąć z ognia i wymieszać z sokiem z limonki, miodem, kminkiem i kolendrą. 3. Delikatnie wymieszaj makaron, plasterki pieprzu i świeże zioła w dressingu, aż lekko się nim pokryje. Doprawić do smaku solą i pieprzem. 4. Przechowywać w lodówce przez 1 godzinę, a następnie podawać sałatkę udekorowaną gałązkami świeżej kolendry.

60. Sałatka z ryżem szafranowym

Porcje: 4 porcje

SKŁADNIKI:
- 2 łyżki białego octu winnego
- 1 łyżka oliwy z oliwek
- 2 krople ostrego sosu paprykowego (opcjonalnie) lub więcej, do smaku
- 1 ząbek czosnku; mielony
- ¼ łyżeczki mielonego białego pieprzu
- 2½ szklanki ugotowanego ryżu (ugotowanego w bulionie z szafranem)
- ½ szklanki pokrojonej w kostkę czerwonej papryki
- ½ szklanki pokrojonej w kostkę zielonej papryki
- ¼ szklanki Pokrojona zielona cebula wraz z wierzchołkami
- ¼ szklanki Pokrojone dojrzałe oliwki
- Liście sałaty

Połącz ocet, olej, sos pieprzowy (w razie potrzeby), czosnek i biały pieprz w dużej misce; Dobrze wymieszać. Dodaj pozostałe składniki oprócz sałaty; lekko podrzucić. Podawać na liściach sałaty.

ZUPY I GULASY

61. Zupa z czosnku i szafranu

Porcja: 1 porcja

SKŁADNIKI:
- 5 łyżek oliwy z oliwek
- 2 szklanki Przycięte kostki chleba na zakwasie
- 4 duże ząbki czosnku; ćwiartki
- ⅓ szklanki Wytrawne białe wino
- 4 szklanki bulionu z kurczaka o niskiej zawartości soli w puszkach
- 2 Obfite szczypty nitek szafranu
- Sól
- Kromki francuskiej bagietki o grubości 8 ½ cala
- ½ szklanki startego sera Manchego lub Monterey Jack
- Posiekany świeży szczypiorek lub zielona cebula
- Nitki szafranowe

INSTRUKCJE:
a) Podgrzej 4 łyżki oleju na dużej, ciężkiej patelni na średnim ogniu. dodaj kostki chleba i czosnek i smaż, aż chleb będzie lekko złoty przez około 4 minuty.

b) Dodaj wino, następnie bulion i szafran; doprowadzić do wrzenia. Zmniejsz ogień, przykryj i gotuj przez 25 minut. Zupa puree w blenderze. Zupę przełożyć z powrotem do rondelka. Sezon z solą.

c) Rozgrzej piekarnik do 350F. Ułóż kromki francuskiego chleba na blasze. Posmarować pozostałą 1 łyżką oleju. Piec do lekkiego opiekania, około 8 minut. Posyp serem grzanki.

d) Przenieś arkusz ciasteczek do brojlerów; zapiekać grzanki, aż ser się roztopi. Do każdej miski włożyć po 2 grzanki. Doprowadź zupę do wrzenia. Chochla na grzankach.

e) Posyp szczypiorkiem i kilkoma nitkami szafranu i podawaj.

Porcje: 2 Porcje

SKŁADNIKI:

- ½ szklanki surowych, nieblanszowanych migdałów
- ½ szklanki Łuskane; niesolone surowe pistacje
- 2 łyżki masła lub łagodnego oleju roślinnego
- 1 duża cebula; obrane i starte
- ½ łyżeczki Mielona kolendra
- ¼ łyżeczki Mace
- ½ łyżeczki świeżo zmielonego białego pieprzu
- 2 strąki zielonego kardamonu; łuskany, mielony
- ½ łyżeczki pieprzu Cayenne
- 1 szczypta gałki muszkatołowej
- ½ łyżeczki nitek szafranu namoczonych w 2 łyżkach gorącej wody
- 2 szklanki gęstej śmietany
- ¾ łyżeczki Sól; lub do smaku

INSTRUKCJE:

a) Połącz migdały i pistacje na 10-calowej patelni i piecz na sucho na średnim ogniu przez 8 do 10 minut. Umieść w blenderze lub robocie kuchennym i zredukuj do proszku. Odłożyć na bok.

b) Rozgrzej masło w ciężkim 2-kwartowym rondlu na średnim ogniu.

c) Dodaj cebulę i smaż, aż lekko się zrumieni. Wymieszaj przyprawy i gotuj, aż zacznie pachnieć, około 1 minuty. Wymieszaj szafran, śmietanę, sól i sproszkowane orzechy. Doprowadzić do wrzenia, ciągle mieszając. Zmniejsz ogień i gotuj na wolnym ogniu, od czasu do czasu mieszając, aż sos będzie wystarczająco gęsty, aby pokryć tył łyżki, od 12 do 15 minut.

63. Zupa z małży i szafranu

Porcje: 4 porcje

SKŁADNIKI:
- 2 funty Małże
- 1¼ szklanki Białego wytrawnego wina
- 1½ szklanki wody
- 3 łyżki masła
- 1 łyżka oliwy z oliwek
- 1 Cebula, drobno posiekana
- 1 ząbek czosnku, rozgnieciony
- 1 Por, oczyszczony, drobno posiekany
- ½ łyżeczki kozieradki, drobno zmiażdżonej
- 1½ łyżki mąki uniwersalnej
- 2 opakowania namoczonych nitek szafranu
- 1 łyżka wrzącej wody
- 1¼ szklanki bulionu z kurczaka
- 1 łyżka posiekanej świeżej pietruszki
- Sól dla smaku
- Świeżo mielony pieprz do smaku
- 2 łyżki Śmietanki do ubijania
- Świeże gałązki pietruszki

INSTRUKCJE:

☑ Wyszoruj małże w kilku zmianach świeżej wody i zdejmij brody. Wyrzuć wszystkie małże, które są popękane lub nie zamykają się szczelnie po stuknięciu. Włóż małże do rondla z winem i wodą. Przykryj i gotuj na dużym ogniu, często potrząsając patelnią, przez 6-7 minut lub do momentu, gdy muszle się otworzą. Wyjmij małże, odrzucając te, które pozostały zamknięte.

☑ Przecedzić płyn przez drobne sito i odstawić.

☑ W rondelku rozgrzej masło i olej. Dodać cebulę, czosnek, por i kozieradkę i smażyć delikatnie przez 5 minut. Wsyp mąkę i gotuj przez 1 minutę.

☑ Dodaj mieszaninę szafranu, 2-1/2 filiżanki zarezerwowanego płynu do gotowania i bulion z kurczaka. Doprowadzić do wrzenia, przykryć i gotować na wolnym ogniu przez 15 minut.

☑ Tymczasem trzymaj 8 małży w muszlach i usuń pozostałe małże z muszli. Dodaj wszystkie małże do zupy i wymieszaj z posiekaną natką pietruszki, solą, pieprzem i śmietaną. Podgrzewać przez 2-3 minuty. W razie potrzeby udekoruj gałązkami pietruszki i podawaj na gorąco.

Robi: 4

SKŁADNIKI:
- 1 cebula, posiekana
- 2 bulwy kopru włoskiego, posiekane
- 1 czerwona papryczka chili, drobno posiekana
- 1 puszka pomidorów śliwkowych
- 6 łyżek oliwy z oliwek
- 1 łyżeczka nasion kopru włoskiego, zmielonych
- 2 ząbki czosnku, zmiażdżone
- 1 funt filetu z białej ryby
- 3 uncje prażonych migdałów, mielonych
- 3 uncje bulionu warzywnego
- ½ łyżeczki słodkiej papryki w proszku
- 1 łyżka świeżych listków tymianku
- 1 łyżeczka nitek szafranu
- 3 świeże liście laurowe
- Quinoa i wiosenne zielenie
- 1 cytryna, pokrojona w kliny

INSTRUKCJE:
☑ Ugotować na parze cebulę, koper włoski, chili, zmiażdżone nasiona kopru włoskiego i czosnek.

☑ Dodaj paprykę, tymianek, szafran, liście laurowe i pomidory.

☑ Zagotować z bulionem warzywnym.

☑ Dodaj rybę/tofu do gulaszu razem z migdałami.

☑ Podawaj z zieleniną, komosą ryżową i kawałkami cytryny.

Porcja: 1 porcja

SKŁADNIKI:
- 1 średni ziemniak Russet
- Oliwa z oliwek
- 1 duży bakłażan, nieobrany, pokrojony w krążki o grubości ¼ cala
- ¼ szklanki oliwy z oliwek
- 1 średnia cebula; posiekana
- 4 ząbki czosnku; posiekana
- ½ łyżeczki suszonego oregano; pokruszony
- 5 filiżanek bulionu z kurczaka lub bulionu z puszki
- ⅛ łyżeczki nitek szafranu

INSTRUKCJE:
☑ Rozgrzej piekarnik do 375F. Ziemniaka nakłuć widelcem. Umieść ziemniaki na ruszcie piekarnika i piecz, aż będą bardzo miękkie, około 1 godziny. Wyjąć z piekarnika i ostudzić. Wyłóż 2 blachy do pieczenia folią i posmaruj oliwą z oliwek.

☑ Ułóż krążki bakłażana na przygotowanych arkuszach. Piecz bakłażana przez 15 minut. Przykryć folią. Piecz, aż będą bardzo miękkie i brązowe, około 30 minut dłużej.

☑ Podgrzej ¼ szklanki oliwy z oliwek w ciężkim dużym rondlu na średnim ogniu. Dodaj cebulę, czosnek i oregano i smaż, aż cebula i czosnek będą przezroczyste przez około 10 minut. Ziemniaka pokroić na kawałki.

☑ Połącz mieszankę ziemniaków, bakłażanów i cebuli w procesorze. Gdy maszyna pracuje, stopniowo dodawaj bulion z kurczaka i mieszaj, aż będzie gładki. Przełożyć do rondelka.

☑ Dodać szafran i doprowadzić do wrzenia.

☑ Podawać na gorąco.

Robi: 4

SKŁADNIKI:
2 łyżki oliwy z oliwek
4 ząbki czosnku, cienko pokrojone
2 bulwy kopru włoskiego (łącznie 300 g), przycięte i pokrojone w cienkie kliny
1 duży ziemniak woskowaty (łącznie 7 uncji / 200 g), obrany i pokrojony w kostkę ⅔ cala / 1,5 cm
3 szklanki / 700 ml bulionu rybnego (lub bulionu drobiowego lub warzywnego, jeśli wolisz)
½ średnio zakonserwowanej cytryny (łącznie ½ uncji / 15 g), kupionej w sklepie lubzobacz przepis
1 czerwona papryczka chilli, pokrojona w plastry (opcjonalnie)
6 pomidorów (łącznie 400 g), obranych i pokrojonych w ćwiartki
1 łyżka słodkiej papryki
dobra szczypta szafranu
4 łyżki drobno posiekanej natki pietruszki
4 filety okonia morskiego (łącznie około 300 g), ze skórą, przekrojone na pół
14 małży (łącznie około 220 g)
15 małży (łącznie około 140 g)
10 krewetek tygrysich (łącznie około 220 g), w skorupkach lub obranych i pozbawionych żyłek
3 łyżki araku, ouzo lub Pernod
2 łyżeczki posiekanego estragonu (opcjonalnie)
sól i świeżo zmielony czarny pieprz

Umieść oliwę z oliwek i czosnek na szerokiej patelni z niskim brzegiem i smaż na średnim ogniu przez 2 minuty, nie zabarwiając czosnku. Wymieszaj z koprem i ziemniakami i gotuj przez kolejne 3 do 4 minut. Dodaj bulion i zakonserwowaną cytrynę, dopraw ¼ łyżeczki soli i odrobiną czarnego pieprzu, zagotuj, następnie przykryj i gotuj na małym ogniu przez 12-14 minut, aż ziemniaki będą ugotowane. Dodaj chili (jeśli używasz), pomidory, przyprawy i połowę pietruszki i gotuj przez kolejne 4 do 5 minut.

W tym momencie dodaj kolejne 1¼ filiżanki / 300 ml wody, tyle, ile potrzeba, aby przykryć rybę, aby ją ugotować, i ponownie zagotuj. Dodaj okonia morskiego i skorupiaki, przykryj patelnię i gotuj dość gwałtownie przez 3 do 4 minut, aż skorupiaki się otworzą, a krewetki staną się różowe.

Za pomocą łyżki cedzakowej wyjmij z zupy ryby i skorupiaki. Jeśli nadal jest trochę wodnisty, pozwól zupie gotować się jeszcze przez kilka minut, aby się zredukowała. Dodaj arak i dopraw do smaku.

Na koniec włóż skorupiaki i ryby z powrotem do zupy, aby je podgrzać. Podawaj od razu, udekorowane resztą pietruszki i estragonem, jeśli używasz.

Robi: 4

2 łyżki wrzącej wody
¼ łyżeczki nitek szafranu
1⅔ szklanki / 200 g niesolonych pistacji łuskanych
2 łyżki / 30 g niesolonego masła
4 drobno posiekane szalotki (łącznie 100 g)
1 uncja / 25 g imbiru, obranego i drobno posiekanego
1 por, drobno posiekany (1¼ szklanki / łącznie 150 g)
2 łyżeczki mielonego kminku
3 szklanki / 700 ml bulionu drobiowego
⅓ szklanki / 80 ml świeżo wyciśniętego soku pomarańczowego
1 łyżka świeżo wyciśniętego soku z cytryny
sól i świeżo zmielony czarny pieprz
kwaśna śmietana, do podania

Rozgrzej piekarnik do 350°F / 180°C. Zalej wrzącą wodą nitki szafranu w małej filiżance i pozostaw do zaparzenia na 30 minut.
Aby usunąć skórki z pistacji, blanszuj orzechy we wrzącej wodzie przez 1 minutę, odsącz i, gdy są jeszcze gorące, zdejmij skórki, naciskając orzechy między palcami. Rozłóż pistacje na blasze do pieczenia i piecz w piekarniku przez 8 minut. Wyjąć i pozostawić do ostygnięcia.
Podgrzej masło w dużym rondlu i dodaj szalotki, imbir, por, kminek, ½ łyżeczki soli i trochę czarnego pieprzu. Smaż na średnim ogniu przez 10 minut, często mieszając, aż szalotki będą całkowicie miękkie. Dodaj bulion i połowę płynu szafranowego. Przykryj patelnię, zmniejsz ogień i gotuj zupę przez 20 minut.
Umieść wszystkie pistacje oprócz 1 łyżki stołowej w dużej misce wraz z połową zupy. Użyj ręcznego blendera, aby zmiksować na gładko, a następnie włóż z powrotem do rondla. Dodaj sok z pomarańczy i cytryny, ponownie podgrzej i dopraw do smaku.
Aby podać, grubo posiekaj zachowane pistacje. Gorącą zupę przełożyć do miseczek i polać łyżką kwaśnej śmietany. Posypać pistacjami i skropić pozostałym płynem szafranowym.

68. Biskwit dyniowo-szafranowy

Porcje: 4 Porcje

SKŁADNIKI:
- 1 cała cebula, posiekana
- 1 ząbek czosnku, posiekany
- 1 ½ łyżki masła
- 1 szklanka puree z dyni
- 1 ¼ szklanki wody
- ½ łyżeczki cynamonu
- ½ łyżeczki chili w proszku
- Kilka nitek szafranu
- 1 szklanka pełnotłustego mleka niesłodzonego jogurtu

INSTRUKCJE:
a) W garnku podsmaż cebulę i czosnek na maśle, aż się zarumienią
b) Dodaj puree z dyni, wodę, przyprawy i zagotuj.
c) Natychmiast zmniejsz ogień i gotuj na wolnym ogniu przez pięć minut, stopniowo dodając jogurt.
d) Podawaj na ciepło.

SOSY I DŻEMY

69. Kremowy sos szafranowy

Porcja: 1 porcja

SKŁADNIKI:
- ½ łyżeczki nitek szafranu
- 1 szklanka niskotłuszczowego mleka
- 2 łyżki oleju arachidowego
- 1 szklanka grubo posiekanej cebuli
- 5 zielonych strąków kardamonu, rozgniecionych
- ½ szklanki beztłuszczowego jogurtu naturalnego
- 4½ łyżeczki skrobi kukurydzianej
- ¾ łyżeczki Sól lub do smaku
- Świeżo zmielony pieprz

INSTRUKCJE:
a) W misce wymieszać szafran z mlekiem i odstawić. Rozgrzej olej w małym rondlu na dużym ogniu.

b) Dodaj cebulę i strąki kardamonu i mieszaj, aż cebula zmieni kolor na złoty, od 4 do 5 minut. Przełożyć do robota kuchennego wyposażonego w metalowe ostrze.

c) Dodaj szafran, mleko, jogurt i skrobię kukurydzianą i miksuj do uzyskania gładkości.

d) Wróć do garnka. Dodaj sól i gotuj na umiarkowanie dużym ogniu, ciągle mieszając, aż sos stanie się gładki, od 4 do 5 minut.

e) Doprawiamy do smaku pieprzem. Podawać na gorąco.

70. Sos ze świeżych pomidorów z szafranem

Porcje: 2 Porcje

SKŁADNIKI:
- 2 łyżeczki oliwy z oliwek
- 1 łyżeczka drobno posiekanego czosnku
- ½ łyżeczki nitek szafranu; Zgnieciony
- ¼ szklanki beztłuszczowego bulionu warzywnego z kurczaka; Niska darń
- ¼ szklanki wytrawnej sherry
- 1 duży pomidor
- 2 łyżki posiekanej świeżej pietruszki
- Sól i pieprz; Do smaku

INSTRUKCJE:
a) Rozgrzej olej w małym rondlu na średnim ogniu. Dodaj czosnek i mieszaj, aż lekko zabarwi, około 30 sekund.

b) Dodać szafran i mieszać jeszcze przez 5 sekund.

c) Wymieszaj bulion z kurczaka i sherry i gotuj na wolnym ogniu, aż zredukuje się do 2 łyżek stołowych, około 5 min. Przelej sos do małej miseczki i odstaw do ostygnięcia.

d) Tuż przed podaniem wymieszać z pomidorami i pietruszką. Dopraw solą i pieprzem.

e) Połóż łyżkę na gorących ugotowanych szparagach lub makaronie.

71. Migdałowy sos pistacjowo-szafranowy curry

Porcje: 2 Porcje

SKŁADNIKI:
- ½ szklanki surowych, nieblanszowanych migdałów
- ½ szklanki Łuskane; niesolone surowe pistacje
- 2 łyżki masła lub łagodnego oleju roślinnego
- 1 duża cebula; obrane i starte
- ½ łyżeczki Mielona kolendra
- ¼ łyżeczki Mace
- ½ łyżeczki świeżo zmielonego białego pieprzu
- 2 strąki zielonego kardamonu; łuskany, mielony
- ½ łyżeczki pieprzu Cayenne
- 1 szczypta gałki muszkatołowej
- ½ łyżeczki nitek szafranu namoczonych w 2 łyżkach gorącej wody
- 2 szklanki gęstej śmietany
- ¾ łyżeczki Sól; lub do smaku

INSTRUKCJE:
a) Połącz migdały i pistacje na 10-calowej patelni i piecz na sucho na średnim ogniu przez 8 do 10 minut. Umieść w blenderze lub robocie kuchennym i zredukuj do proszku. Odłożyć na bok.

b) Rozgrzej masło w ciężkim 2-kwartowym rondlu na średnim ogniu.

c) Dodaj cebulę i smaż, aż lekko się zrumieni. Wymieszaj przyprawy i gotuj, aż zacznie pachnieć, około 1 minuty. Wymieszaj szafran, śmietanę, sól i sproszkowane orzechy. Doprowadzić do wrzenia, ciągle mieszając.

d) Zmniejsz ogień i gotuj na wolnym ogniu, od czasu do czasu mieszając, aż sos będzie wystarczająco gęsty, aby pokryć tył łyżki, od 12 do 15 minut.

72. Dżem szafranowy z pieczonych jabłek

Porcja: 1 porcja

SKŁADNIKI:
- 2 gwiazdki anyżu
- 4 goździki
- 2 laski cynamonu
- 4 listki mięty
- Skórka otarta z 1 cytryny
- 2 funty cukru
- 6 funtów jabłek, obranych i pokrojonych na duże kawałki
- Sok z 1-½ limonki
- 1 szklanka wody
- 2 wiórki z kawałka szafranu

INSTRUKCJE:
a) Rozgrzej piekarnik do 400 stopni.
b) Delikatnie rozgnieć w moździerzu anyż, goździki i laski cynamonu.
c) Wymieszaj wodę i sok z limonki w małym pojemniku.
d) Połącz cukier, jabłka, rozgniecione przyprawy, liście mięty, skórkę z cytryny, ½ szklanki soku z limonki i wodę oraz szafran na brytfannie. Przykryć folią aluminiową i wstawić do piekarnika.
e) Po 10 minutach dodaj ½ szklanki soku z limonki i wodę. Piecz SKŁADNIKI: jeszcze 10 minut, następnie dodaj pozostałe ½ szklanki soku z limonki i wodę.
f) Piecz przez dodatkowe 10 minut.
g) Natychmiast zmiksuj SKŁADNIKI: w robocie kuchennym lub blenderze, aż składniki osiągną konsystencję dżemu.
h) Dżem przechowuj w słoikach.

Porcja: 1 porcja

SKŁADNIKI:
- 150 ml bulionu rybnego
- 1 szczypta pręcików szafranu
- 1 szalotka; drobno posiekane
- 1 sztuka anyż gwiazdkowaty
- 150 ml Podwójny krem
- 1 łyżka francuskiego estragonu; posiekana
- Doprawiamy do smaku

INSTRUKCJE:
a) Ugotować szalotkę w bulionie rybnym z szafranem i anyżem gwiazdkowym do miękkości, a likier zredukuje się o połowę.
b) Dodaj śmietanę, zagotuj i gotuj na wolnym ogniu, aby smaki się przegryzły i skarmelizowała śmietana. Pora roku. Powinien być jasnożółty. Przetrzeć przez gęste sito do czystego rondla i dodać estragon. Sprawdź i dostosuj przyprawy.
c) Podawać z żabnicą i szpinakiem.

DESER

Porcje: 20 porcji

SKŁADNIKI:
- 3 jajka
- ⅞ szklanki cukru
- ½ laski wanilii
- ½ pomarańczy, skórka otarta
- 7 uncji masła
- 8 uncji Ciemna czekolada
- 1¼ szklanki mąki pszennej
- 3½ uncji orzechów włoskich
- ⅞ szklanki Śmietana do ubijania
- ½ grama szafranu
- 14 uncji Biała czekolada
- 1½ uncji orzechów włoskich
- 3½ uncji Ciemnej czekolady
- Skórki pomarańczowe

INSTRUKCJE:

☑ Rozgrzej piekarnik do 200C (400F).

☑ Ubij cukier i jajka, aż będą białe i puszyste. Dodaj wanilię i skórkę pomarańczową.

☑ Osobno stopić czekoladę i masło. Ostudzić.

☑ Ostrożnie wymieszaj jajko i cukier z mąką, masłem, czekoladą i całymi orzechami włoskimi.

☑ Spód tortownicy o średnicy 24 cm wyłóż papierem do pieczenia. Wlać ciasto. Pieczemy 12-15 min w dolnej części piekarnika.

☑ Rozgnieść szafran i zagotować w śmietanie. Białą czekoladę posiekać i rozpuścić w gorącej śmietance.

☑ Wlać krem szafranowo-truflowy na ciasto czekoladowe. Zostaw 2 łyżeczki do dekoracji. Ciasto odstawiamy do lodówki.

☑ Z połowy pozostałej gorzkiej czekolady uformuj cienkie płatki. Rozpuść resztę i zanurz w niej orzechy włoskie. Powlekać tylko połowę każdego orzecha włoskiego.

☑ Kiedy ciasto stężeje, wyjmij je z formy. Rozłóż pozostawiony krem truflowy na krawędzi (może być konieczne podgrzanie go) i przymocuj płatki czekolady do krawędzi.

☑ Udekorować orzechami włoskimi, skórką pomarańczową i ewentualnie marcepanem.

75. Złote ciasto szafranowe

Porcje: 10 porcji

SKŁADNIKI:

- 1 łyżka masła, zmiękczonego
- ⅔ szklanki odtłuszczonego mleka
- 1 łyżeczka nitek szafranu
- 1⅓ szklanki mąki tortowej
- 1¾ szklanki cukru
- 1 łyżeczka proszku do pieczenia
- ½ łyżeczki sody oczyszczonej
- ¼ szklanki Rozmrożony zamrożony beztłuszczowy substytut jajka
- 2 łyżki wody różanej
- 1½ łyżeczki wanilii
- ¾ szklanki wody
- 1 łyżka posiekanych pistacji

INSTRUKCJE:

☑ Posmaruj 9-calową tortownicę masłem. W małym rondlu połącz 2 łyżki odtłuszczonego mleka i nitki szafranu. Podgrzej i mieszaj, aby się zagotowały.

☑ Zdjąć z ognia. Przesiej razem mąkę tortową, 1 szklankę cukru, proszek do pieczenia i sodę oczyszczoną. Wymieszaj mieszaninę szafranu, pozostałe beztłuszczowe mleko, substytut jajka, wodę różaną i 1 łyżeczkę wanilii.

☑ Szybko wymieszaj z suchymi SKŁADNIKAMI: tylko do połączenia. Wlać do przygotowanej patelni. Piec w 375'F. około 15 minut lub do momentu, gdy wbity w środek patyczek do drewna wyjdzie czysty. Pozostaw do ostygnięcia na 5 minut. Połącz pozostałe ¾ szklanki cukru i wodę w małym rondlu. Podgrzać do wrzenia. Gotować przez 5 minut. Wmieszaj pozostałą ½ łyżeczki wanilii.

☑ Za pomocą szpikulca zrób dziurki równomiernie na całej powierzchni ciasta. Łyżką równomiernie rozprowadź syrop na wierzchu ciasta.

☑ Posypać pistacjami. Pokrój na kawałki w kształcie rombu, w stylu baklava.

Porcje: 8 porcji

SKŁADNIKI:
- 9-calowa blaszka
- 8 uncji Samorosnąca mąka
- 4 uncje masła
- 1 Szczypta mieszanki przypraw
- Mleko do zmieszania
- 3 słodkie jabłka deserowe; obrane, rdzeniowe i
- ; pokrojony
- 10 uncji płynu Double cream
- 5 uncji płynu Mleko
- 1 Szczypta szafranu
- 3 jajka; dodatkowo 1 żółtko
- 2 łyżki miodu

INSTRUKCJE:
☑ Najpierw zrób ciasto, rozcierając zimne masło z mąką, tak aby przypominało bułkę tartą. Wyrobić na twarde, ale nie za mokre ciasto. Możesz albo rozwałkować go w kółko, aby następnie wyrównać puszkę, albo delikatnie popchnąć wokół puszki i wzdłuż krawędzi do linii. Piec na ślepo przez 10 minut, a następnie ostudzić.

☑ Podgrzej mleko, śmietankę i szafran, aż szafran zacznie krwawić. Jajka i żółtka ubić z miodem i zalać śmietaną, mlekiem i szafranem.

☑ Cały czas ubijaj trzepaczką.

☑ Ułóż jabłka na całym spodzie tarty, polej płynem i gotuj przez 25-30 minut na gazie 4-5 lub 180C-190C.

77. Brzoskwinie w szafranie

Porcje: 6 porcji

SKŁADNIKI:
- 6 dużych niedojrzałych brzoskwiń
- ¾ szklanki cukru
- ¼ łyżeczki nitek hiszpańskiego szafranu
- 1 Suszona czerwona papryczka chilli
- 10 jagód ziela angielskiego
- 2 liście laurowe
- 1 kawałek Świeży imbir, obrany i pokrojony wzdłuż na 3 plastry
- 6 filiżanek wody
- Gałązki mięty; Do serwowania
- Kręcony; długie paski skórki z cytryny do podania

INSTRUKCJE:
☑ Za pomocą ostrej obieraczki do warzyw obierz brzoskwinie i odłóż je na bok.

☑ W dużym niereaktywnym rondlu połącz cukier, szafran, chili, jagody ziela angielskiego, liście laurowe, imbir i wodę. Na średnim ogniu mieszaj, aż cukier się rozpuści.

☑ Zwiększyć ogień i doprowadzić mieszaninę do wrzenia, następnie zmniejszyć ogień i gotować na wolnym ogniu przez 10 minut.

☑ Dodaj brzoskwinie i gotuj dalej przez około 30 minut, aż brzoskwinie będą miękkie, ale nie rozgotowane.

☑ Od czasu do czasu obracaj je, aby wszystkie strony równomiernie przybrały kolor szafranu. Są gotowe, gdy wykałaczka wbita w owoc z łatwością przejdzie do połowy.

☑ Przenieś brzoskwinie łyżką cedzakową na pojedyncze talerze lub półmisek, odstaw do ostygnięcia i wstaw do lodówki. Udekoruj miętą i skórką z cytryny.

78. Lody szafranowe

Porcje: 3 Porcje

SKŁADNIKI:
- 1½ szklanki pół na pół
- 1 jajko
- ½ grama szafranu; drobno posiekane
- Brandy
- ⅓ szklanki cukru

INSTRUKCJE:
☑ Namocz szafran w bardzo małej ilości brandy (wystarczającej do zakrycia) przez godzinę.

☑ Gotuj jajko dokładnie 45 sekund. Połącz wszystkie składniki i wstaw do lodówki na ½ godziny.

☑ Następnie postępuj zgodnie ze zwykłą procedurą dla twojej maszyny do lodów.

Porcje: 2 porcje

SKŁADNIKI:
2 łyżki miękkiego paneera lub domowego twarogu
łyżeczka cukru –2
2 łyżki mleka –
1 łyżka śmietany –
1 szczypta szafranu –
Agar Agar w proszku – duża szczypta
2 łyżeczki pistacji –
1 szczypta kardamonu w proszku –

INSTRUKCJE:
Miękki paneer i cukier puder zmiksuj na gładką masę.
Zagotuj razem 2 łyżki mleka i 1 łyżkę śmietany oraz szczyptę szafranu.
Dodaj dużą szczyptę agaru w proszku.
Ubij, aż będzie gładkie.
Dodaj paneer mix, kardamon w proszku i posiekane pistacje.
Dobrze wymieszaj.
Do natłuszczonej formy dodać 1/4 łyżeczki posiekanych pistacji.
Wlać mieszankę panna cottę.
Schłodzić przez 2 godziny w lodówce.
Rozpakuj i podawaj. Dodaj trochę syropu do wyboru i owoce na wierzchu.
Cukier można regulować według upodobań.

80. Panna Cotta z wodą kokosową i szafranem

Porcje: 6 porcji

SKŁADNIKI:
2-3 łyżki Agar-Agar nici
1 litr świeżej wody kokosowej
2 łyżki cukru
8-10 nitek szafranu

INSTRUKCJE:
Najpierw namocz nitki agaru w szklance wody. Odłóż na bok na 30 minut. Na początku doprowadzić do wrzenia na dużym ogniu. Następnie zmniejsz ogień i pozwól mu całkowicie się rozpuścić. Zajmie to około 8-10 minut.
Podgrzej wodę kokosową i cukier, aż będą gorące. Dodaj do tego mieszankę Agar-Agar. Odcedź w razie potrzeby. Ale to wcale nie jest potrzebne. Możesz dodać go bezpośrednio. Ale uważaj, aby całkowicie się rozpuścił, jak widać na zdjęciu. Wmieszaj również nitki szafranu. Dobrze wymieszaj i pozostaw do ostygnięcia przed włożeniem do lodówki.
Przykryj i wstaw do lodówki do stężenia. Pokrój i delektuj się z odrobiną suchego kokosa posiekanego na wierzchu. Albo jak jest. Smakuje tak niesamowicie. Mniam!

81. Mango Lassi Panna Cotta

SKŁADNIKI:

- 2 duże mango
- 1/4 szklanki mleka
- 2/3 szklanki jogurtu
- 1 szklanka gęstej śmietany
- 2 łyżki cukru
- 1 łyżeczka agaru Agar w proszku
- 1 łyżeczka kardamonu w proszku
- 3-4 nitki szafranu

INSTRUKCJE:

a) Namocz proszek Agar Agar w takiej ilości wody, aby dobrze się nasiąkł. Jest niezbędne.

b) Zrób purée z mango, obierając, krojąc w plasterki i dodaj do blendera, aby zrobić purée

c) Na patelni dodaj mleko i gęstą śmietanę i zagotuj na średnim ogniu.

d) Dodaj kardamon w proszku i nitki szafranu. Dodaj purée z mango i jogurt i dobrze wymieszaj, trzymając na ogniu. Odłożyć na bok

e) Schłodzić przez 2-3 minuty i przecedzić mieszankę z mango

f) Nasmaruj foremki. Wlać do foremek i wstawić do lodówki na całą noc

g) Udekoruj małymi plasterkami mango i listkami mięty i ciesz się

82. Szafranowo-pistacjowa Panna Cotta

Porcje: 2 porcje

SKŁADNIKI:
- 2 łyżki miękkiego paneera lub domowego twarogu
- 2 łyżeczki cukru
- 2 łyżki mleka
- 1 łyżka śmietany
- 1 szczypta szafranu
- Agar Agar w proszku – duża szczypta
- 2 łyżeczki pistacji
- 1 szczypta kardamonu w proszku

INSTRUKCJE:
Miękki paneer i cukier puder zmiksuj na gładką masę.
Zagotuj razem 2 łyżki mleka i 1 łyżkę śmietany oraz szczyptę szafranu.
Dodaj dużą szczyptę agaru w proszku.
Ubij, aż będzie gładkie.
Dodaj paneer mix, kardamon w proszku i posiekane pistacje.
Dobrze wymieszaj.
Do natłuszczonej formy dodać 1/4 łyżeczki posiekanych pistacji.
Wlać mieszankę panna cottę.
Schłodzić przez 2 godziny w lodówce.
Rozpakuj i podawaj. Dodaj trochę syropu do wyboru i owoce na wierzchu.
Cukier można regulować według upodobań.

83. Lody Szafranowe

Porcje: 6–8 porcji

SKŁADNIKI:
SKŁADNIK PODSTAWOWY
- 1 szklanka śmietany
- ½ szklanki skondensowanego mleka

BYCZY
- ½ grama szafranu, drobno posiekanego
- Brandy

INSTRUKCJE:
a) Weź czystą i dużą blachę do pieczenia i dodaj śmietanę i skondensowane mleko.

b) Dodaj wszystkie dodatki i wymieszaj szpatułką.

c) Rozprowadź równomiernie i zamroź przez noc.

d) Następnego dnia tą samą szpatułką przetocz lody od jednego końca blachy do drugiego.

Porcje: 20 porcji

SKŁADNIKI:
- 3 jajka
- ⅞ szklanki cukru
- ½ laski wanilii
- ½ pomarańczy, skórka otarta
- 7 uncji masła
- 8 uncji Ciemna czekolada
- 1¼ szklanki mąki pszennej
- 3½ uncji orzechów włoskich
- ⅞ szklanki Śmietana do ubijania
- ½ grama szafranu
- 14 uncji Biała czekolada
- 1½ uncji orzechów włoskich
- 3½ uncji Ciemnej czekolady
- Skórki pomarańczowe

1. Rozgrzej piekarnik do 200C (400F).

2. Ubij cukier i jajka, aż będą białe i puszyste. Dodaj wanilię i skórkę pomarańczową.

3. Rozpuść oddzielnie czekoladę i masło. Ostudzić.

4. Ostrożnie wymieszaj jajko i cukier z mąką, masłem, czekoladą i całymi orzechami włoskimi.

5. Wyłóż papierem pergaminowym dno tortownicy o średnicy 24 cm.

Wlać ciasto. Pieczemy 12-15 min w dolnej części piekarnika. Ciasto powinno dopiero stężeć. Ostudzić. 6. Zmiażdżyć szafran i zagotować w śmietanie. Białą czekoladę posiekać i rozpuścić w gorącej śmietance.

7. Ciasto czekoladowe polać kremem szafranowo-truflowym. Zachowaj 2 łyżeczki do dekoracji. Ciasto odstawiamy do lodówki.

8. Z połowy pozostałej gorzkiej czekolady uformuj cienkie płatki. Rozpuść resztę i zanurz w niej orzechy włoskie. Powlekać tylko połowę każdego orzecha włoskiego.

9. Kiedy ciasto stężeje, wyjmij je z formy. Rozłóż pozostawiony krem truflowy na krawędzi (może być konieczne podgrzanie go) i przymocuj płatki czekolady do krawędzi. Udekorować orzechami włoskimi, skórką pomarańczową i ewentualnie marcepanem.

85. Pudding ryżowy z szafranem

Porcje: 4 porcje

SKŁADNIKI:
1¼ szklanki ryżu Basmati
2½ szklanki wody
⅓ szklanki mleka
szczypta nitek szafranu
2 łyżki masła
2 zielone strąki kardamonu, posiniaczone
1 calowa laska cynamonu
2 goździki
½ szklanki rodzynek
¼ szklanki) cukru
⅓ szklanki Pokrojone migdały, uprażone

Umyj ryż pod zimną bieżącą wodą i włóż do dużego rondla z 2 ½ szklanki wody. Doprowadzić do wrzenia, zmniejszyć ogień i gotować na wolnym ogniu przez pięć minut, a następnie odcedzić.

Odmierz 2 łyżki mleka do małej miski, dodaj szafran i moczyć przez pięć minut.

W grubym rondlu rozgrzej masło, dodaj ryż, strąki kardamonu, cynamon i goździki i gotuj przez dwie do trzech minut, aż ryż stanie się nieprzejrzysty.

Wmieszaj pozostałe mleko, mieszaninę mleka szafranowego, rodzynki i cukier i zagotuj. Przykryj i gotuj na wolnym ogniu przez około sześć do ośmiu minut lub do momentu, aż ryż będzie miękki i płyn zostanie wchłonięty.

Usuń całe przyprawy i podawaj gorące z migdałami posypanymi na wierzchu.

86. Budyń jajeczny

Porcje: 5 porcji

SKŁADNIKI:
- 3-6 jaj
- 1 litr mleka
- 8 łyżek cukru
- 3-5 nitek szafranu

INSTRUKCJE:
a) Zbierz składniki. Rozbij jajka i umieść wszystkie składniki w blenderze
b) Miksuj przez mniej niż minutę i wylej do naczynia do zapiekania. Pieczemy w 170' przez 20 min
c) Przechowywać w lodówce przez godzinę lub 2 przed podaniem. Po prostu pyszne. Udekoruj zmielonymi migdałami lub tak jak jest.

87. Szafranowe ciastka risotto

Porcje: 4 porcje

SKŁADNIKI:
- 500 ml bulionu warzywnego
- Sól i pieprz
- 75 gramów masła
- 2 łyżki oliwy z oliwek
- 2 ząbki czosnku; zgnieciony
- 150 gramów ryżu do risotto
- Dobra szczypta nitek szafranu namoczonych w ok
- ; mały zapas
- 100 gramów parmezanu; tarty
- Sałatka i ocet balsamiczny

a) Rozpuść masło i olej na patelni i smaż czosnek, aż będzie miękki, ale nie zabarwiony. Dodaj ryż z ognia, aż dobrze pokryje się mieszanką czosnku.

b) Wróć do ognia i dodaj tyle bulionu, aby tylko przykrył ryż. Dodać szafran wraz z płynem.

c) Gotuj, aż ryż wchłonie płyn i dodaj więcej, aż będzie ugotowany al dente. Dodaj połowę parmezanu i dobrze wymieszaj.

d) Po ugotowaniu ostudzić przez chwilę, ale nie dopuścić do wystygnięcia. Gdy ciasto będzie ciepłe, uformuj małe placki, a następnie schłodź je w lodówce. Gdy ostygną, smaż ciastka na rozgrzanej oliwie z oliwek z obu stron na złoty kolor.

e) Podawaj z octem balsamicznym i posyp pozostałym parmezanem.

88. Perski pudding szafranowy

Porcje: 6 porcji

SKŁADNIKI:
PUDDING
- 3 szklanki niesłodzonego mleka kokosowego
- 1 1/4 szklanki wody podzielone
- 1/2 szklanki cukru
- 3/4 szklanki mąki z brązowego ryżu
- 1 cała laska cynamonu
- 1 cała gwiazdka anyżu
- 12 całych zielonych strąków kardamonu
- 1/2 łyżeczki szafranu
- 1/2 łyżeczki kurkumy
- 3/4 łyżeczki soli

SYROP Z KWIATÓW POMARAŃCZY
- 1/2 szklanki cukru
- 3 łyżki wody
- 2 łyżki wody z kwiatu pomarańczy
- Pistacje łuskane, do dekoracji
- Czarne lub złote rodzynki, udekorować
- Nitki szafranu, opcjonalnie dekoracja

INSTRUKCJE
a) Przygotowanie budyniu: W małym naczyniu połącz laskę cynamonu, anyż gwiazdkowaty, strąki kardamonu, szafran i kurkumę i zalej 1/4 szklanki gorącej wody, aby przyprawy zakwitły.
b) Przyprawy kwitnące w wodzie.
c) W średnim rondlu połącz mleko kokosowe, wodę, cukier i sól. Doprowadzić do wrzenia, następnie zmniejszyć ogień i powoli dodawać mąkę ryżową, aż będzie gładka.
d) Dodaj naczynie z przyprawami i mieszaj, aż dokładnie się połączą. Gotuj przez 15-20 minut, często mieszając.
e) Przyprawy dodane do mleka kokosowego na kuchence.
f) Zdjąć z ognia i przełożyć do sitka ustawionego nad dużą misą do mieszania. Przepchnij łyżką lub szpatułką, aby usunąć całe przyprawy.

g) Podziel budyń równomiernie na 4-6 talerzy i schłodź w lodówce przed podaniem.

h) Aby zrobić syrop z kwiatu pomarańczy: Połącz wszystkie składniki w małym rondlu i zagotuj na średnim ogniu. Zdjąć z ognia i pozostawić do ostygnięcia. Syrop po odstaniu zgęstnieje.

i) Robienie syropu z kwiatów pomarańczy na kuchence.

j) Aby złożyć, posyp budyń kilkoma pistacjami i rodzynkami, a następnie skrop syropem z kwiatu pomarańczy. Jeśli masz ochotę na ekstrawagancję, możesz również udekorować kilkoma nitkami szafranu.

k) Pudding perski z szafranem - egzotyczny bezglutenowy, bezmleczny, wegański przepis na deser z szafranem, pistacjami i syropem z kwiatu pomarańczy

Porcje: 20-22 porcje

SKŁADNIKI:
NA CIASTO:
- 1g szafranu
- 1 łyżka rumu
- 1 łyżeczka cukru
- 3 ekologiczne jajka
- 1 szklanka (180 g) cukru
- 1 1/3 szklanki (160 g) mąki uniwersalnej
- 1/2 łyżeczki proszku do pieczenia
- 2/3 szklanki (150 g) masła, stopionego
- 1 duża organiczna pomarańcza (sok + skórka)

NA POLEWĘ POMARAŃCZOWĄ I MIGDAŁOWĄ:
- 1/2 pomarańczy (sok)
- 2 łyżki (30g) cukru pudru
- 2 łyżki stołowe (30 g) posiekanych migdałów

INSTRUKCJE

a) Rozgrzej piekarnik do 350°F (180°C). W małej filiżance do kawy rozpuść szafran w rumie z 1 łyżeczką cukru. Macerować przez co najmniej 30 minut.

b) W dużej misce ubij jajka i cukier, aż będą jasne i puszyste. Dodać zmacerowany szafran do rumu i mieszać do połączenia.

c) Mąkę przesiać z proszkiem do pieczenia i dobrze wymieszać.

d) Rozpuść masło w małym rondelku lub w kuchence mikrofalowej.

e) W międzyczasie zetrzyj skórkę ze świeżej pomarańczy i wyciśnij z niej sok.

f) Dodaj stopione masło do ciasta, a także sok i skórkę pomarańczową i dobrze wymieszaj.

g) Wlać ciasto do wcześniej wysmarowanej tłuszczem formy 12 x 16 (lub wyłożonej pergaminem) i piec w połowie przez około 25 minut. Kiedy wykałaczka wyjdzie czysta, ciasto jest gotowe.

h) W międzyczasie przygotuj polewę, mieszając sok pomarańczowy z cukrem pudrem.

i) Posmaruj ciasto polewą pomarańczową i udekoruj płatkami migdałów. Pozostawić do całkowitego ostygnięcia, aż glazura zastygnie.

j) Wytnij ciasto foremkami do ciastek o różnych kształtach (choinka, gwiazdki, serduszko, aniołki) i ułóż na blaszce.

90. Szafranowe kulfi popy

Porcje: 8 porcji

SKŁADNIKI:

- 1½ kwarty pełnego mleka
- ⅓ szklanki cukru
- 1/16 łyżeczki sproszkowanego szafranu LUB
- ⅛ łyżeczki nitek szafranu
- 1 łyżka wrzącej wody
- 8 kubków papierowych LUB
- Pergamin do gotowania LUB
- Papier śniadaniowy
- 8 patyczków do lodów (opcja)

a) W garnku o pojemności 6-8 litrów na dużym ogniu mieszaj mleko i cukier, aż się zagotują. Na średnim ogniu gotuj, aż zmniejszy się do 2 filiżanek, 25-35 minut, często mieszając; zsuń patelnię częściowo z ognia, jeśli mleko grozi wykipieniem. Ostudzić; aby przyspieszyć chłodzenie, umieść patelnię w lodowatej wodzie.

b) Umieść szafran w małej misce. Dodać wrzącą wodę, wymieszać i odstawić na 5 minut. Rozbijaj nitki małą łyżeczką. Zeskrobać mieszaninę do ciepłej, zredukowanej mieszanki mlecznej.

c) Ustaw papierowe kubki na patelni z brzegiem. Lub, aby zrobić stożki, pokrój 8 kawałków pergaminu lub woskowanego papieru na kwadraty o boku 7,5 cala. Złóż każdy kawałek na pół, aby utworzyć trójkąt.

d) Długą krawędzią skierowaną do siebie, przenieś jeden z kątów 45' na górę trójkąta, a następnie przeturlaj się w kierunku innego kąta. Aby zamknąć otwór na dole, zaczynając od góry, wciśnij 1 arkusz wewnętrzny po przeciwnej stronie.

e) Przyklej stożek w kilku miejscach, aby go trzymać razem. Podeprzyj każdy stożek, ostrym końcem w dół, w filiżance nieco wyższej niż stożek; ustawić filiżanki na patelni z obrzeżem.

f) Podziel mieszankę mleczną na kubki lub rożki. Zamrażaj, aż kulfi będzie gęste, ale nie twarde, od 1 do 1-½ godziny; następnie, jeśli chcesz, włóż patyczek do lodów do każdego pojemnika. Zamrozić do twardości, około 2 godzin dłużej.

g) Aby zjeść, zdejmij papier. Aby przechowywać, zamknij kulfi (nadal w kubkach lub stożkach) w plastikowej torbie parge; zamrozić do 2 tygodni.

NAPOJE

91. Mocktail Szafranowo-Cynamonowy

Robi: 4

SKŁADNIKI:
- 12 uncji wody
- 2 kawałki laski cynamonu
- 2 kawałki świeżego imbiru
- 3½ uncji cukru
- ½ łyżeczki nitek szafranu
- kostki lodu
- schłodzona woda

INSTRUKCJE:
a) W garnku lub rondlu połącz laskę cynamonu, imbir i cukier z wodą i gotuj na umiarkowanym ogniu.
b) Dodaj szafran, gdy syrop lekko zgęstnieje i gotuj przez kolejną minutę.
c) Syrop przecedzić do słoiczka.
d) Dodaj łyżkę stołową każdego z syropów do 4 szklanek, dodaj lód do każdej szklanki i uzupełnij schłodzoną wodą.
e) Udekoruj zarezerwowanymi nitkami szafranu i od razu ciesz się.

Robi: 4

SKŁADNIKI:
- 4 uncje złotego syropu lub syropu z trzciny cukrowej
- 1 łyżeczka nitek szafranu
- 16 uncji soku brzoskwiniowego
- 8 uncji cydru jabłkowego
- kostki lodu

INSTRUKCJE:
a) W garnku lub rondlu zagotuj 4 uncje wody.
b) Dodaj złoty syrop i szafran i mieszaj, aż oba składniki dobrze się połączą.
c) Zdejmij z ognia i pozwól syropowi szafranowemu ostygnąć.
d) Odcedzić, przykryć i schłodzić w lodówce.
e) Połącz syrop szafranowy, sok brzoskwiniowy i cydr jabłkowy.
f) Podawaj w 4 szklankach zawierających lód i podawaj.

Sprawia, że: 4–6

SKŁADNIKI:
- 2 pomarańcze pępkowe, obrane i pokrojone
- 2 kawałki świeżego imbiru, obrane i grubo posiekane
- szczypta nitek szafranu + dodatkowo do dekoracji
- 7 uncji cukru
- 4 uncje octu jabłkowego
- schłodzona soda klubowa
- kostki lodu

INSTRUKCJE:
a) Przenieś cząstki pomarańczy do szklanego słoika.
b) Dodaj imbir, nitki szafranu, cukier i ocet i wymieszaj składniki, aż dobrze się połączą.
c) Zakręć pokrywkę i dobrze potrząśnij słojem.
d) Przecedzić mieszaninę gazą do dzbanka i przechowywać w lodówce do schłodzenia.
e) Posyp schłodzoną wodą sodową i podawaj z lodem.

94. Uzdrowienie Lassiego

Porcje: 2 Porcje

SKŁADNIKI:

- ½ szklanki jogurtu kokosowo-migdałowego
- ½ szklanki oczyszczonej wody filtrowanej lub źródlanej
- 1 daktyle Medjool bez pestek
- szczypta kurkumy w proszku
- szczypta cynamonu w proszku
- szczypta kardamonu w proszku
- Opcjonalnie 3 znamiona szafranu

INSTRUKCJE:

a) Umieść wszystkie składniki w blenderze i pulsuj przez 2 minuty, aż będą gładkie.

b) Wypij natychmiast.

95. Lemoniada z szafranem i różą

Robi: 4

SKŁADNIKI

- 1 szklanka świeżo wyciśniętego soku z cytryny około 3-4 cytryn
- 1 szklanka cukru według smaku
- ¼ łyżeczki nitek szafranu
- 1 łyżka wody różanej
- ⅛ łyżeczki rozgniecionych nasion kardamonu
- Szczypta soli
- 5 szklanek wody podzielone: 1 szklanka na prosty syrop + 4 szklanki na lemoniadę
- lód

INSTRUKCJE
ZROBIĆ PROSTY SYROP Z CUKRU

a) Umieść cukier, szafran, rozgniecione nasiona kardamonu i wodę w rondlu na średnim ogniu. Podgrzewaj, aż cukier całkowicie się rozpuści, około 3 do 5 minut.

b) Pozwól mu ostygnąć. Dodaj wodę różaną i szczyptę soli. Wlej syrop do szklanego słoika i przechowuj w lodówce. Najlepiej całkowicie schłodzić przed zrobieniem lemoniady.

ZROBIĆ LEMONIADĘ

c) Aby przygotować pełną porcję lemoniady, napełnij dzbanek 4 szklankami zimnej wody i dużą ilością kruszonego lodu. Dodaj sok z cytryny i schłodzony prosty syrop szafranowy. Dobrze wymieszaj, aby połączyć. Podawać na zimno.

d) Aby przygotować mniejsze, zindywidualizowane porcje, dodaj 2 łyżki soku z cytryny i szafranowego syropu cukrowego do 1 szklanki lodowatej wody.

e) Spróbuj i dodaj więcej syropu lub wody, aby dostosować smak. Cieszyć się!

96. Szafranowy staromodny

SKŁADNIKI

- 2 uncje żytniej whisky
- 2 odrobiny aromatycznej gorzkiej goryczki
- ¼ uncji syropu cukrowego Rumi Spice Szafran
- 1 skórka pomarańczowa do dekoracji
- 1Luxardocherry do dekoracji

INSTRUKCJE

a) Dodaj prosty syrop szafranowy, whisky i gorzkie napoje do szklanki typu old fashioned, a następnie delikatnie mieszaj przez 20 sekund.

b) Dodaj 1 do 2 dużych kostek lodu i zamieszaj jeszcze kilka razy, aż napój ostygnie.

c) Przekręć skórkę pomarańczy nad napojem. Udekoruj napój skórką i wiśnią.

Robi: 4

SKŁADNIKI
- 15 do 20 nitek szafranu plus kilka dodatkowych nitek do dekoracji
- ½ szklanki (100 g) cukru
- 3 zielone strąki kardamonu, rozgniecione
- ¼ szklanki (30 g) mielonego sumaka
- 3 szklanki (700 ml) schłodzonej wody sodowej lub wody

INSTRUKCJE
a) Zmiel szafran z 2 łyżkami. cukru na drobny proszek za pomocą moździerza i tłuczka.

b) W średnim rondlu na średnim ogniu połącz 1 szklankę (240 ml) wody, cukier, kardamon i sproszkowaną mieszaninę szafranu i gotuj na wolnym ogniu, mieszając, aż cukier się rozpuści. Zdejmij z ognia i wymieszaj z sumakiem. Przykryj rondel pokrywką i pozwól mu parzyć przez 30 minut, nie więcej. Przecedź płyn przez sitko o drobnych oczkach w średniej misce i schłodź przed podaniem.

c) Aby podać, napełnij cztery wysokie szklanki lodem. W dużym dzbanku wymieszaj syrop ze schłodzoną wodą sodową lub wodą. Do każdej szklanki wlej 1 filiżankę (120 ml) napoju. Udekoruj każdą szklankę 1 lub 2 nitkami szafranu. Przechowuj resztki w hermetycznym pojemniku w lodówce do 1 tygodnia.

d) Sumak jest bogaty w kwas cytrynowy, jabłkowy i winowy, ale także w gorzkie garbniki. Moczenie go w wodzie rozpuszcza rozpuszczalne w wodzie kwasy.

98. Safran Şerbeti (szafranowy kordial)

Robi: 4

SKŁADNIKI

- 2 łyżeczki cukru granulowanego
- 1 szczypta szafranu (15 do 20 nitek, około 1/4 łyżeczki)
- 4 ¼ szklanki wody
- 1/2 łyżeczki mielonego imbiru
- 1 cytryna, cienko pokrojona, plus więcej do serwowania
- ⅓ szklanki miodu

INSTRUKCJE

a) Cukier i szafran utrzeć w moździerzu na drobny proszek. Odłożyć na bok.

b) Doprowadzić 4 1/4 szklanki wody, imbiru i plasterków cytryny do wrzenia w średnim rondlu na wysokim poziomie. Gotować 2 minuty; zdjąć z ognia. Wymieszaj mieszaninę szafranu; odstaw na 10 minut. Wymieszać z miodem. Przykryć i schłodzić 4 godziny.

c) Sernik podawaj schłodzony z plasterkami cytryny.

Tworzy: 1

SKŁADNIKI
- 1 ½ uncji (45 ml) ginu kwiatowego
- 6 słupków szafranu
- 1 uncja (30 ml) miodu
- 1 uncja (30 ml) soku z cytryny
- 1 szklanka (250 ml) kostek lodu
- ½ uncji (15 ml) wytrawnego białego wermutu jabłkowego
- 2 uncje (60 ml) cytrynowej wody gazowanej
- 2 zielone oliwki

INSTRUKCJE
a) W małej misce wymieszaj gin i szafran. Pozwól parzyć przez 20 minut. Przecedź do shakera i odłóż słupki szafranu na bok.
b) W małej szklanej misce podgrzewaj miód i sok z cytryny w kuchence mikrofalowej przez 30 sekund. Mieszaj, aż miód się rozpuści. Dodaj kostkę lodu, aby schłodzić mieszaninę.
c) W shakerze energicznie wymieszaj gin z szafranem z mieszanką miodu, wermutu i ¾ szklanki (180 ml) kostek lodu.
d) Umieść pozostałe kostki lodu w szklance Boston Shaker. Odcedź mieszankę ginu do szklanki. Uzupełnij wodą gazowaną.
e) Udekoruj trzema pozostawionymi słupkami szafranu.
f) Nabij oliwki na szpikulec do koktajli i umieść w szklance.

Porcje: 6 porcji

SKŁADNIKI

- 3 łyżki stołowe nasion chia
- 5 łyżek miodu
- 1500 ml letniej wody
- 4 łyżki wody różanej z gotowania
- 1 łyżka stołowa ekstraktu z kwiatu pomarańczy
- Szczypta szafranu rozpuszczona w 3 łyżeczkach gorącej wody

INSTRUKCJE

a) Najpierw włóż nitki szafranu do filiżanki i zalej gorącą wodą. Przykryj filiżankę podczas przygotowywania napoju.

b) Wymieszaj miód z letnią wodą (nie gorącą) w słoiku. Dodać nasiona chia i delikatnie wymieszać. Dodaj wodę różaną i ekstrakt z kwiatu pomarańczy. Przykryj słoik i przechowuj w lodówce, aż woda szafranowa będzie gotowa przez około 2 godziny.

c) Dodaj wodę szafranową do napoju z nasionami chia i powoli mieszaj. Odstawiamy pod przykryciem do lodówki na kolejne 6 godzin.

d) Po tym czasie napój ma cudowną galaretowatą konsystencję.

e) Cieszyć się!

WNIOSEK

Szafran jest zwykle bezpieczny, gdy ludzie używają niewielkich ilości do gotowania lub jako herbata. Jest również pełen przeciwutleniaczy. Zanim jednak zażyjesz szafran, skonsultuj się ze swoim dostawcą, aby upewnić się, że jest dla Ciebie bezpieczny. Bardzo mała ilość tej hałaśliwej, żółtej, mocnej przyprawy wystarcza na bardzo długą drogę, a zaledwie ułamek grama szafranu może nasycić różnorodne potrawy żywym, aromatycznym charakterem.